到道東

北海道東部地區魅力指南

doto
unofficial
guide
book

.doto

生活
在道東。

北海道之東，道東。這裡是日本最東端，極東之地。
本書是由在道東生活的人提出的「非官方導覽」。
沒有任何顧忌，精選出真正覺得「好」的事物，集結成冊。
或許，在本書中，
沒有刊載常見的觀光資訊，或是眾所周知的店家。
因為這是道東人用自己的雙腳，
走遍廣闊的道東地區，將四散的點一個一個連起來。
在這塊土地上充滿自信、愉快生活的人們。
正準備從此朝向更寬廣的世界邁進的人們。
在這裡打造一套屬於自我人生哲學的人們。
希望這本書能夠成為工具，
串起讀者與在此地的人們，共同打造出「道東」的新概念。
請一起來感受生活在道東的各種面貌。

.doto

doto unofficial guide book

Photo:Keisuke Harada

illust / Meimei　text / Tatsuya Nasuno　design / Shogo Sato

DOTO 4 AREA

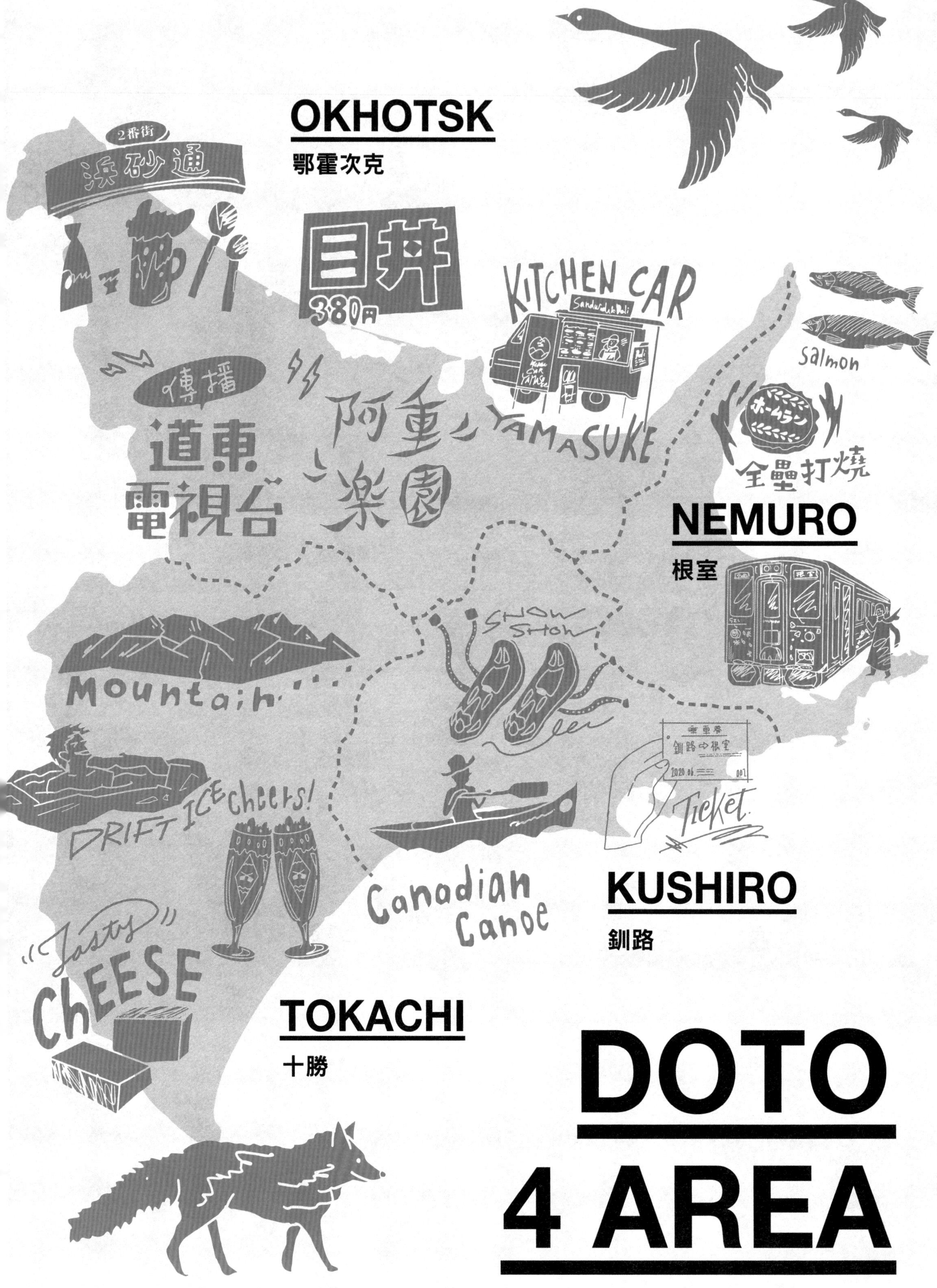

位於北海道東側，簡稱「**道東**」，面積約為36,000平方公尺，**相當於整個九州**，由鄂霍次克、根室、釧路、十勝這**4個地區**組成。道東的總人口數**約為92萬人**（2019年1月1日）。基本上，每年**12月到隔年3月**的**氣溫**都在**零下**，因此，若某天氣溫零下7度，一般就會直接說「今天7度」而省略「零下」。每年**櫻花花季約在黃金週連假**（4月底至5月初）前後，說到賞花，就少不了成吉思汗烤肉。很多人家裡除了一般家用冰箱外，**還有營業用的冷凍庫**。不少家庭會貯存大量的冷凍肉品及海鮮。這裡的**花粉來自白樺木**。有些在本州地區因為杉木而出現花粉症的人來到這裡就不會有症狀。雖然**沒有梅雨**，卻會有一段時間陰晴不定，稱為蝦夷梅雨，是北海道特有的梅雨季。一年之中也會有氣溫超過**35度**的「真夏日」，但有時候明明**8月也會冷**到讓人想開電暖爐。本區最大的特色就是美麗的自然景觀，包括世界遺產知床、釧路溼原等地。通常就算在**路上看到鹿**，或是在釧路**市區**見到丹頂鶴、天鵝時，民眾也**不會特別激動**，可見自然景觀之豐富。此外，各地有**多處溫泉**，甚至還有出售溫泉住宅。酪農、農業、漁業興盛，食物都很好吃。各類零食也很讚。**要小心別飲食過量**。在非官方導覽《**到道東.doto**》裡頭，**將滿滿呈現全方位、多樣化的道東魅力！**

敬請期待！

這就是我們的

當初調職到道東感到失望的人，調離時也失望。

不少人接獲調職到道東時感到失落，但搬來之後發現此地的各種魅力，到後來不想離開，乾脆定居下來。

在雪山上吃泡麵，爽度爆表！

道東的冬季戶外休閒也樂趣十足。在一片銀白的世界裡攀登雪山，或是划艇。平常吃慣的餐點、咖啡，來到大自然中享用變得更加美味。在道東，有老少咸宜的戶外活動。

「一無所有」不正代表能靠一己之力變得更有趣嗎？

就連當地人也常用「未開發」、「盡頭」、「邊境」這些詞來形容，但這並不代表悲觀。反倒是容易變得更開心，實際上也有很多人努力開發得更有趣。這就是道東特色。

冬天在校園自行打造溜冰場。

深夜只要晚上將校園裡的積雪鋪實，然後在變硬的雪地上灑水，不一會兒就能打造出溜冰場。體育課時可以溜雪板或滑冰。

實感主義

好菌活性水「消除」能讓人實際感受到除臭效果，至於除臭的機制則不得而知。訪問「消除」談到製程祕辛時，出現了「實感主義」這個詞。

道東吸引大作戰，結果如何？

道東吸引大作戰這項活動，成了之後成立「dot道東」的契機。在那次籌備時，尚未打成一片的成員們抱著不安準備，面對正式活動開始，在反省大會上所有人都吐露心聲。

醒的時候愈多，就有愈多開心的事。醒的時候愈多，人生就賺到。

小酒館「知床酒場Pirikadelic」的老闆皮耶早晚兼任兩份差事的工作型態已經超過二十年。曾經白天是家具工匠，晚上是調酒師；或是白天擔任自然嚮導，夜晚成了酒館老闆。因為他總是醒著，也有謠傳他其實是雙胞胎或另有分身。※皮耶只有一人。

任何場合，動不動就來場成吉思汗烤肉趴。

不管是賞花、在海水浴場，或是中元聚會等各種場合，大家動不動都要吃成吉思汗烤肉。或許有人有不同意見，但只要是十勝農家出身的人，相信都有同感。

我真的想回鄉嗎？我回鄉後能做什麼呢？

到外地就讀大學的年輕人，愈接近畢業就愈煩惱。接下來要在哪裡生活？在哪裡工作？要回鄉嗎？相信曾經離鄉背井到外地生活的人，都曾經有過同樣的心情。不如回想一下，「我當時是怎麼想的？」

豁出去拚了，不成功就算啦。

位於北見市的株式會社矢野組，專營住宅、店面的設計與施工。最大的特色就是能放手讓員工發揮。「不試試看永遠不知道結果，豁出去拚了，不成功就算啦。」這間公司的人就是這麼豪邁。

單程150km的話，可以直接碰面唷。

在這個網路發達的時代，更要珍惜面對面的機會。例如從北見到帶廣約150km，車程大概兩個半小時。但仍然可以開了車直接碰面。或許有人覺得太老派，卻是難能可貴的心情。只不過缺點就是每天得花很多時間在移動上。

東京→北海道→萬那杜→船橋→津別

「道東電視台」專門介紹在道東的生活及當地資訊，公司代表立川彰，目前住在津別町，但據說之前住在船橋，更早還待過萬那杜共和國！而且還在當地認識了他太太。感到不可思議或充滿興趣的人，記得去看看專訪報導。

覺得味道太淡，就淋鮭魚卵。

聽到這句話，會讓人很想吐槽，「欸，又不是醬油！」但真的有人把鮭魚卵當調味料用，吃到快痛風。白飯配鮭魚卵，干貝搭鮭魚卵，牡蠣也要加點鮭魚卵。只要加鮭魚卵，就變得超美味。

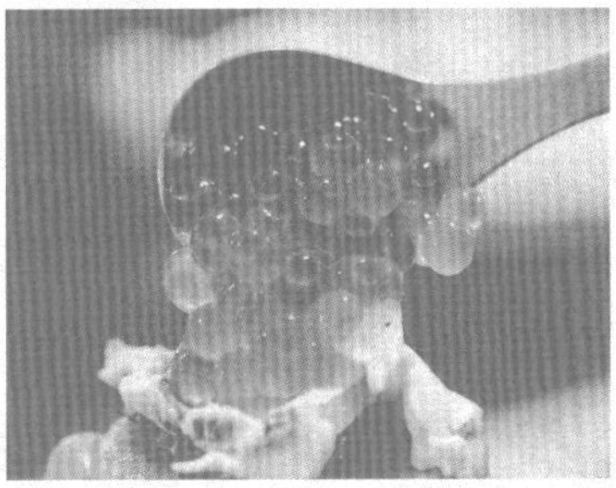

這個肉的價格？根本可以買整座冰箱了吧？大笑

一群人在自辦聚餐，有乳酪農、羊農、獵戶，大家各自帶了下酒菜，超豪華。「咦？這些如果用買的要多少錢啊？」不要問，很恐怖。

電車誤點，因為撞上鹿。

有時候電車會因為撞上鹿或虎頭海鵰等動物而誤點。在釧路，如果路上出現丹頂鶴時，要讓丹頂鶴先行。

道東生活

下雪的日子不撐傘，起「海霧」的日子也不撐傘。

北海道人在下雪的日子都不太撐傘，因為只要在進入室內時拍拍衣服，就能抖落身上的雪。在釧路地區的濃霧，當地人稱為「海霧」，起海霧的日子也不撐傘，感覺會稍微淋溼身子。

在零下溫度的世界，享受冷水浴與外氣浴。神清氣爽。一試就上癮。

道東有很多溫泉，也有不少三溫暖。而且到了冬季，即使白天氣溫也在零下，來個外氣浴相當舒爽。喜歡三溫暖的人，推薦一定要在冬天走一趟道東溫泉之旅。

用蕎麥粒釀啤酒。在三溫暖中加入香草。很多農家不僅栽種批發而已。

做甜點、做乳酪、經營旅社、經營市集⋯⋯。在糧食自給率1200%的十勝，很多農家都是多元化經營。

TOKACHI's MARKET

十勝FARMER's MARKET

自2017年開始，每年7～9月隔週週六，
於帶廣市綠之丘公園舉辦的農夫市集。
不只蔬菜，還有各項飲食、生活雜貨等多樣化的攤位，一字排開。

text Asami Jinguuji / design Satsuki Aosaka

立志成為在十勝紮根的市集

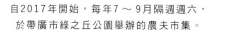

在一個天氣晴朗的星期六，來到位於帶廣市的綠之丘公園，瞥見一片寬闊草地繼續往樹蔭下走，看到許多情侶或是扶老攜幼的遊客，非常熱鬧。步道兩側架起一整排攤位，另一側則有不少人坐在攤開的露營墊上休息。

十勝農夫市集在每年7月到9月的雙週週六舉辦。即使在以美食著稱的北海道，通常也沒什麼機會在出遊時與生產者輕鬆交談。不僅觀光客如此，事實上在地居民也差不多。

道東的十勝地區糧食自給率號稱1200%，這麼高的比例就連在北海道地區內也相當亮眼，堪稱日本的糧食基地。在十勝地區的中心都市帶廣，自二〇一七舉辦的「十勝農夫市集」，由擁有廣大狂熱讀者的北海道地方誌《SLOW》的製作單位「KUNAW Publishing」主導營運，加上從過去就在帶廣車站經營街頭市集的成員：山川知惠與高橋智子，展開了獨樹一格的共同事業。

參與市集擺攤的有來自北海道內外的餐飲業、工藝創作家，還有許多趁著農閒前來的農家。「十勝農夫市集得靠我們炒熱場子啊！」據說，從舉辦初期就參與的店家，為這個活動設想得比營運團隊還多呢。在十勝，一般農業耕作模式都是用大型牽引機或採收機，在大面積農地上作業。由農會決定銷售通路並配送，然後將商品陳列於超市中……這種模式能達到分工專精，缺點卻是無法與消費者面對面，不少生產者對此感到憂心。對生產者來說，十勝農夫市集是個直接接觸消費者的絕佳機會。「不管再忙，我們一定會抽空參加。因為很想跟顧客面對面！」參與市集的年輕農民表示。

在十勝農夫市集的現場，還停放許多餐車。不少人是為了這些使用當地食材製作的美食而來，除了農家與餐車合作提供的餐點之外，還會有很多在其他地方看不到的限定商品。十勝農夫市集不僅是一場地產地銷的活動，更重要的是群體中創作者之間彼此切磋、合作，給予刺激，這才是主要的精神所在。

PEOPLE

十勝農夫市集的營運團隊

Daisuke Yukawa

KUNAW Publishing
湯川大輔

最初舉辦的目標是希望這場市集能成為地方的廚房，進而紮根成為地方特殊文化。每次活動中在公園裡呼吸清新的空氣，看著眾人的笑容，就感到十分幸福。

Tomoe Yamakawa

空間Works
山川知惠

在十勝農夫市集裡的時光如此悠閒、舒暢又溫暖。我本身就是這場活動的超級粉絲，每次都買了好多好吃的蔬菜，邊逛著生活雜貨，同時和攤位老闆聊天，度過愉快的一天。

Satoko Takahashi

Kawai 造園
高橋智子

已舉辦數年的農民市集廣受大家喜愛，已經成了吸引力十足的在地活動。這個市集能在舒適的空間舉辦，並且吸引眾多美好的人群，連帶讓我自己的心靈與生活都豐富起來。

introduce charm

十勝農夫市集的魅力所在！

01 滿滿的現採新鮮蔬菜以及平常少見的蔬菜

由於是農家直接銷售，現場買到的當然都是當天一早採收的新鮮蔬菜，而且有時候還能看到一般超市沒有的少見種類。

02 與農夫們直接當面聊天

由誰栽種？採用什麼樣的農法？栽種的環境如何……，了解食材的背景之下，享用時更添樂趣。攤位老闆都非常友善，請大家放心聊！

03 許多十勝創作者的作品琳瑯滿目

許多十勝或北海道的創作家也會擺攤，販售工藝作品以及生活雜貨。參加的攤商每次都不同，每一次造訪都有新的發現，也是一大魅力。

也有十勝當地生產者共同合作的品項……?!

04 肚子餓了 有使用十勝食材做的餐點

餐車有很多使用十勝食材製作的飲料、餐點及甜點，讓人大快朵頤。也有由生產者親自調理的餐車……！

現採蔬菜趁鮮在當天晚飯吃掉，超讚！

有時候還開設瑜伽教室！

悠揚的音樂讓會場瀰漫輕鬆舒服的氣氛

05 有時候也有現場音樂演奏

遇到天氣不錯時推薦到現場野餐。有時候還有現場演奏，待上一整天也不膩。附近有寬敞的公園，帶著孩子出遊也很棒！

FARMER'S

十勝的農家特色就是活力十足！！
除了開發商品之外，更致力於店鋪、住宿經營，甚至到海外觀摩。
在十勝農夫市集裡就能認識這些有趣的生產者。

FARMER'S 01

外山隆祥

合同會社 十勝外山農場

帶廣

外山先生主要栽種馬鈴薯和豆類，他將農場採收的豆類製成「豆果子」販賣，此外，在農場一隅還打造了一間旅店，經營起Airbnb，提供來自世界各地的遊客住宿。在此可以品嚐到使用農場現採蔬菜做成的餐點，堪稱無上的享受。

FARMER'S 02

原 大知

原農場

新得

原農場主要生產蕎麥粒，而且開發了使用自家產蕎麥粒釀造的啤酒，名稱就叫「SOBACO」。品味著煎焙後的蕎麥粒淡淡焦香，清爽的啤酒也很適合搭餐。當然，蕎麥麵也大大推薦！

FARMER'S 03

多彩農場

芽室

飛田先生買下了原先在芽室町的香草園，重新規劃為多彩農場。結合了戶外休閒與香草，三溫暖與香草等，以獨樹一格的組合來開拓新的香草市場需求。為此，他甚至還經營了介紹十勝溫泉的YouTube頻道……！

飛田 曉

FARMER'S 04

夢想農園

士幌

以大宗交易為主的農園，農園主人堀田夫婦不僅栽種北海道罕見的蔬菜，也針對餐廳個別銷售。搭上當地士幌町休息區成立的時機，兩人也因為「想打造讓附近居民喜愛的休息區」這個信念，開設了株式會社at LOCAL，經營起餐廳、咖啡廳及選品專櫃。

堀田隆一、悠希

FARMER'S 05

坂根遼太、晃子

乳life

大樹

接手老家的酪農業，成為牧場經營第四代，夫妻兩人還開始嘗試製作乳酪。不少消費者因為他們善待牛群，當作一家人共同生活的形式而大力支持。相信這對夫婦未來的表現值得期待。

＊因疫情緣故，本書提供之相關資訊恐有變動。前往之前，請先確認。

千萬別錯過！推薦的美食&店家

Featured Food & Shop

在十勝農夫市集裡，有許多使用十勝在地出產食材的美食及個性小店。一聊之下會發現，製作的都是生產者，而且不在少數，這也是十勝很有趣的特色。無論是產量少的稀有食材、格外講究新鮮的食材，或是在產地才吃得到的美食，這些都是親臨市集才能享受到的特權。此外，還有許多風格獨具的店家也會擺攤。來看看營運團隊和編輯群有哪些推薦吧！

＊因疫情緣故，本書提供之相關資訊恐有變動。前往之前，請先確認。

隨時都能品嚐到四、五款老闆特選的精釀啤酒。在透著陽光的綠蔭下，輕鬆喝起啤酒，無論搭配任何料理都是無比美味！

啤酒巴士 On your side的精釀啤酒

相澤農園的葡萄汁

使用無農藥葡萄壓榨的「北海道十勝山葡萄果汁」非常濃醇，口味深沉，喝起來像紅酒一樣。因為不會過甜，和什麼食物都很搭喔，特別推薦搭配披薩。

位於帶廣市的熱門披薩店「PIZZERIA飛行船」，每年夏天會以餐車形式參加各個活動。飛行船的披薩總是大受歡迎。Q彈餅皮與濃醇乳酪，加上醬汁的完美搭配，讓人難以抗拒！

PIZZERAI飛行船的披薩

在這個沒有書店的市區裡開設移動書店的鈴木先生，挑選書單的品味絕佳，光看著他的選書就是一大享受。因應農民市集的活動，也會有一些與蔬菜相關的書籍。在大自然環繞的空間裡吃吃喝喝，悠閒讀書，這麼開闊的感覺真會讓人上癮。

鈴木書店

森田農園的現炸可樂餅

使用十勝出產的馬鈴薯，在會場現炸的熱騰騰可樂餅，好吃到沒有第二句話！搭配啤酒巴士On your side的精釀啤酒更是絕妙。

除此之外 十勝還有其他市集唷！

親子皆同樂

EVENT INFO

十勝 FARMER's MARKET

帶廣市綠之丘公園
✆ 0155-34-1281（KUNAW Publishing）
9：00～14：00
7月～9月的雙週週六
http://www.facebook.com/tokachifarmersmarket/
※詳細內容請見FB。

夏至野餐趴

中札內村每年舉辦的活動，全由村民自發一手包辦。在大草坪上，有現場音樂演奏及美食攤位，以野餐形式讓大家感受十勝的初夏風情。活動中有音樂、舞蹈、木工、花草昆蟲、食物，甚至還有藝術、建築等工作坊，無論大人小孩都能樂在其中。

活動時間 每年6月下旬
詳細內容 http://www.facebook.com/ThePicnicPartyNSN

慢活村的夥伴們

《SLOW》這本雜誌很認真採訪、介紹北海道的生產者、創作家，並且每年找來這些受訪者，舉辦與讀者面對面的聚會。活動現場除了工藝作品、陶器、飾品之外，也會有很多餐車攤位。加上在大自然環繞下，想必能度過一段美好時光。

活動時間 每年10月上旬～中旬
詳細內容 http://slowmura.n-slow.com

編輯部精選5場道東活動

DOTO EVENT SELECTION

一場活動不僅由當地的文化與人群交織，理想的內容更是與地方交流的絕佳機會。在道東地區眾多的活動中，編輯部成員精挑細選，誠心推薦不容錯過的5場，讓我們一起認識最在地的道東！

01. 由酪農一手包辦的戶外節慶

GANKE FES／崖之祭

以新得町（十勝）自古存在的崖壁，以及與此地相關的阿伊努神話為舞台所進行的戶外節慶，活動內容包或藝術、音樂、飲食、遊憩、市集等，能獲得全方位體驗。由當地的酪農與友人一起舉辦，整體而言是相當道地的音樂祭，同時也帶有素人主導的樸實感。

活動時間：每年7月左右　主辦：GANKE FES執行委員會
活動地點：湯宿 屈足溫泉 Lake Inn（北海道上川郡新得町屈足808番地）
HP：http://www.ganke-fes.com/（2020停辦之後目前似乎仍未恢復舉辦）

02. 道東地區最大型的免費活動

北見若松市

到2019年已開辦六次的「北見若松市」，最初是由地區一群志工發起舉辦的活動。內容包羅萬象，老少咸宜！整個會場包含主要的太陽舞台在內，共有將近十個分區。

活動時間：每年8月最後一週的六、日　主辦：北見若松市執行委員會
會場：北見 Family Land（北海道北見市若松638）
詳情請洽：http://www.facebook.com/waccamatsuri/

03. 一卡皮箱即可參與的跳蚤市場

NORTH TRUNK PLAZA

在網走市區的跳蚤市場活動，使用餐車和汽車貨台來當作攤位。整場活動聚集了來自道東各地的餐車，以及獨具特色的跳蚤市場攤位。活動地點位於市區，交通十分方便。歡迎報名擺攤！

活動時間：7～10月每個月預定舉辦一次　主辦：株式會社町中網走
活動地點：Raruart（北海道網走市南4条東1丁目）
詳情請洽：IG:@northtrunkplaza

04. 東京⇄根室（來自二東）

eastern

一個是人群熙來攘往的東，一個是充滿恆久大自然的東。
eastern這項企劃就是來自這二東，藉由認識、了解、互動來一起尋找未來生活的型態。在這個彼此交流的場合，以介紹在根室的生活及文化，產生新的人際關係。

活動時間：每年1～3月　主辦：根室市移住交流促進協議會
企劃：eastern執行委員會

05. 6000個燈籠的震撼！

中標津夏日祭

在中標津町舉辦的節慶活動，別名「燈籠祭」。會場內設有一座巨大的樓櫓，布置多達6000只燈籠，點亮夏日夜空。規模號稱日本第一。更有多項活動內容，像是萬燈YOSAKOI祭或是變裝盆舞等。

活動時間：每年8月的第二個週六、日　主辦：中標津祭典執行委員會
活動地點：中標津町總合文化會館前廣場（北海道標津郡中標津町東2条南3丁目1-1）
詳情請洽：中標津町觀光協會
https://kaiyoudai.jp

THE
DAY
處處可見的自然
此間唯獨的體驗
mt.mokoto trail

即使在生活環境中充滿豐富大自然的道東，
似乎有不少人仍對戶外活動抱著高門檻的疑慮。
想必是對於「戶外休閒」這幾個字，
多半有種刻板印象。
像是「需要具備相當的知識與經驗，而且很花時間」，
或是「顧及安全就必須先花錢添購設備及工具」等等。

其實，每個人都有不同享受戶外休閒的方式。
這次挑選的舞台是道東冬季的山地。
看到這裡，千萬別以為「原來要講最典型的戶外休閒啊！」而卻步。
說是冬季山地，但並不是印象中專業的登山，
需要使用到冰爪或破冰斧之類的工具。
而是「稍微豪邁的冬日散步」等級。

究竟是什麼樣的出遊形式呢？
就讓我們帶著需要的裝備，加上滿腔的期待與一點點的不確定，
驅車前往藻琴山山麓！

2 THE DAY

習慣和大自然共處的話，會對季節轉換以及景色變化特別敏銳，偶爾還會因此遇到意想不到的景致。包含各式各樣的氣候條件，外加當天的同行成員等等，當各項條件在天時、地利、人和下達到完美時，在滑雪界或衝浪界就會稱這一天是「THE DAY」。藻琴山上有一處觀景點──「藻琴山展望駐車公園」。聽說遇到晴天時，能清楚眺望到整片屈斜路湖，可惜採訪當天是個陰天。在不抱期待下走出車外，沒想到前一刻滿天的雲突然散開，現出萬里晴空。仔細一看，原本應該是屈斜路湖的湖面，此刻覆蓋了一層厚厚的雲海。原來，先前看似積雲，其實正是雲海。面對眼前這幅前所未見的美景，凝神屏氣。就連經常在這一區活動的國分先生也稱，此番景致不可多得。眼前這絕美景象，稱呼「THE DAY」實在再貼切不過。

1 首先，確認天氣狀況。

戶外出遊，有時突如其來的天候變化很可能影響到生命安全。因此，想要開開心心出門，平平安安回家，很重要的一點就是事先掌握大致的天候變化。很多戶外導覽確認天候狀況時都使用「GPV」這個氣象預報網站，網站上可以看到即時雲系圖、風速、氣壓等詳細氣候資訊及預報，非常推薦。

3 在積雪中也能行走的雪靴。

抵達藻琴山健走起點，終於準備要展開冒險了。首先，確認各項裝備。每年冬天，道東地區的雪量不定。一般到了冬季，藻琴山應該是罩上一層厚厚的白雪，有時卻還能看到赤竹從淺淺的積雪面探出頭來。這樣的積雪量對於想滑雪或玩雪板都不太足夠。話說回來，就算積雪再淺，在沒有特殊裝備下雙腿還是會埋在雪中，難以行走，因此仍然得穿上「雪靴」。這麼一來，增加了摩擦力才能在雪地上行走自如。搭配登山杖還能減少雙腿的負擔，比較不容易疲勞，但缺點就是雙手不得閒。因此，因應實際狀況挑選適當的裝備，也是享受戶外休閒的重點之一唷！

4 戶外活動要舒適，多層次穿搭很重要。

冬天早晨氣溫雖低，但如果最初就穿了厚厚的刷毛外套或羽絨衣，一開始健行後會覺得愈來愈熱。冬季戶外活動時，務必要堅守「不要流汗」的原則。因為在低溫下一旦流汗溼了衣物，身體很容易迅速失溫。因此，在穿著上挑選就算溼了也能快乾的材質，或是多層次搭配幾件設計上容易穿脫的款式。外套建議GORE-TEX這類防水透氣性高的材質，即使流汗也會隨著溼氣排出，不會弄溼內搭衣物。

5 留意身邊的大自然。

在思考「大自然之中有什麼」之前，先留意身邊的大自然，就會有各種新發現，而這樣的發現會讓感受更加豐富與深刻。比方說，冬季在戶外活動時，從雪地上的足跡就能更切身感受到動物的存在及動向。光是穿著雪靴到處漫步，多用點心思就能察覺到大自然中的各個小線索，不如就靠自己的雙眼來搜尋吧。

6 用瓦斯爐來煮水。

用裝了卡式瓦斯罐的爐子煮水。在冬天要特別留意瓦斯的種類，如果使用夏季用的瓦斯，火力比較弱，最糟糕的狀況還可能無法點火。因此，記得要挑選在低溫中也沒問題的冬季專用瓦斯。搞不清楚的話，請在購買時詢問店員確認。煮了熱水就可以沖咖啡。雖然平常無論工作或在家裡，每天都沖好幾杯咖啡喝，但是在大自然之中喝起來格外香醇美味。與其美味，或許該用「爽」這個字來形容更貼切。

7「在大自然中感覺更好吃！」

就連一般常是「無可奈何」下吃的泡麵，此刻不但能溫暖寒冷的身體，更棒的是在大自然中吃起來覺得特別美味。
在日常生活中認為「理所當然」的事情，來到大自然也成了「特別的體驗」。

8 不只有山而已道東的戶外活動。

屈斜路湖由火山噴發而形成，是日本最大的火山口湖，而屈斜路湖的湖水流出成了釧路川，最後流入太平洋。因此，此區不僅有山，還有湖、河等水域，在弟子屈．屈斜路湖湖區也有不少獨木舟體驗導覽，甚至有獨木舟聖地之稱。其實，道東還有很多能享受獨木舟划船樂的地點。在獨木舟上，能從貼近水面的視點，更深入觀察大自然，連帶在心理上拉近了與動植物之間的距離，能看到平常從陸地上無法想像到的景致，就算是當地居民也大大推薦，一定要體驗看看！

GUIDE
TOMOKI KOKUBUN

屈斜路湖的自然導覽兼攝影師。
2020年加入小型導覽公司「River and Field」。
這次戶外出遊就請他為我導覽。
http://www.riverandfield.com

CHALLENGER
EZOMARU KINUBARI

鄂霍次克地區出身，KIMUBARI咖啡烘焙師、文字工作者。全力挑戰本次戶外出遊！

photo Tomoki Kokubun, Ezomaru Kinubari, Takuro Nakanishi / text Ezomaru Kinubari
coordination Tomoki Kokubun / design & illustration Meimei

透過與人互動會愛上這片土地。

旅行過的人一定都懂這種感覺吧。美味的餐點、暢快的溫泉、教人屏息的美景，以及難忘的體驗。在旅程中，有無數素材能留下快樂的回憶。然而，愛上土地的關鍵必定是因為在當地遇到的「人」。人就是透過與人互動而愛上土地的。我平常幾乎沒機會接觸到專業嚮導，因為過去我從沒試過這類硬底子、需要專業嚮導的戶外活動。不過，這次在國分先生的帶領下讓我發現一件事，「嚮導不僅是為了保障安全而在」。當然，嚮導會負責基本的風險管理以及解說，讓遊客能更放心、安全體驗大自然，但是在同行過程中，還會不時提醒你沒察覺到的大自然迷人之處，或是補充說明周邊環境的美好，讓人更深刻體會，有更多感動。若是對戶外休閒有興趣，卻不知如何踏出第一步，感到迷惘或困難，最好的方法就是針對有興趣的地區收集資訊，然後諮詢當地的戶外嚮導。

處處可見的自然…此間唯獨的體驗。

這次採訪結束後，隔週我和朋友兩人前往在地的一座小山。
那座小山平常從辦公室隨意就看得到，也不知道叫什麼名字。

腳上踩著雪靴，興之所致地晃晃，
從腳印和糞便察覺到動物的動靜，
還找到高大的樹木，嘗試在樹間玩耍，度過一段非常開心的時光。
在如此貼近日常生活的地方，
卻能有獨一無二的特別體驗。

相信各位讀者居住的地方，
一定會有山、有海、有河流、有森林、草原、公園或路樹吧。

就算規模大小不同，但每個人都同樣生活在大自然之中。
和國分先生在大自然中同遊之後，
我了解到，
即使是原先認為理所當然的大自然，
也會有些得特別留意才會有的新發現，
從中獲得特殊的體驗。

這次讓我愛上了弟子屈．屈斜路一帶，
未來我也更期待在自己居住的地區到處探險。

等到下次換個季節，我打算再訪弟子屈．屈斜路一帶，
認識這塊土地，以及居住在這裡的人群。

精伴道手選禮東8

by 編輯部

來到道東必買品項

坦白說……

我們真的是相當──傷腦筋了。

道東好吃的名產、伴手禮實在太多，

經過嚴格把關、精挑細選，

編輯部成員信心十足向各位介紹，

這些道東優質伴手禮全都值得大力推薦！

（最好全部都買來吃吃看！）

1 蜆貝美醬油

將蜆貝鮮美精華
濃縮於其中的醬油

自網走湖捕撈的蜆貝，使用直接萃取的濃縮精華製成醬油。這款富含鮮味的醬油，光是加入熱水稀釋就能成為一碗好湯。全系列除了醬油之外還有椪醋和高湯醬汁。

大空三昧 株式會社
北海道網走郡大空町東藻琴 333 番地
http://shi-ji-mi.com/

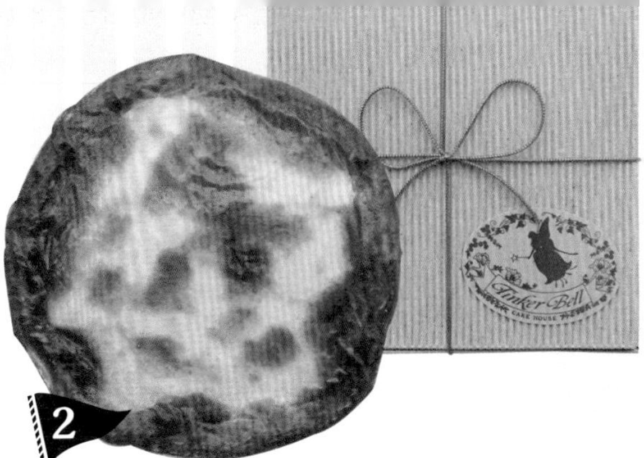

2 Cheese bake

來自北見老店，集結當地食材的
綿密濃醇乳酪蛋糕

使用「北穗波」、「春戀」等鄂霍次克小麥調和製成酥脆派皮，加上自製卡士達醬與四種乳酪，組成風味濃醇的蛋糕。另一款招牌商品「鄂霍次克燒」也很受歡迎。

小鈴鐺蛋糕屋（Tinkerbell）
北海道北見市高榮西町 9 丁目 1-3
http://www.tinkerbell-kitami.com/

3 十勝爆米花

在家自己做！
邊看邊聽好開心！

使用十勝．本別町前田農產的爆裂種玉米製成的爆米花，因為使用微波爐就能輕鬆做，相當受到歡迎。當初為了在冬天多找點工作可做，而在 2016 年推出的十勝爆米花，至今達到每年賣出 50 萬包的驚人業績！

有限會社 十勝太陽農場
北海道中川郡本別町彌生町 27-1
http://www.co-mugi.jp

4 胡椒鮭舞

顧客不斷回購的熱賣商品

加了黑胡椒，口味微辣刺激的鮭魚乾。
在眾多品牌的鮭魚乾之中，這是回購率最高，連漁夫都信心十足、大力推薦的一款。
煮飯時加幾片一起炊煮，太美味了！

標津漁業協同組合 直賣所
北海道標津郡標津町北 6 条東 1 丁目 1-1
http://sake-ikura.jp

5 標津羊羹

深得消費者喜愛90年！清爽甜美的經典羊羹

原料使用產自北海道的金時豆及甜菜糖，以傳承自創業初期的特殊製法，展現獨特的北國風味。
刻意降低甜味，讓口感更柔和。
迷你尺寸是駕車出遊時的良伴。

株式會社 標津羊羹本舖
北海道標津郡中標津町川西
7 丁目 2 番地
http://shibetsuyoukan.com/html/

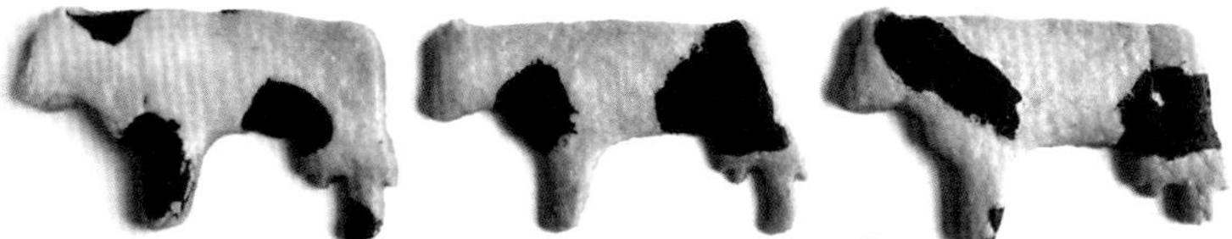

7 牛牛奶油餅

喜歡牛的人無法抗拒！

非常用心製作，每片餅乾都有不同的圖案！這一款也是濱中町 Farm Designs 的熱賣商品。如果收到這款伴手禮，相信一定會很開心！餅乾吃起來帶有淡淡的牛奶甜香。

Farm Designs
本店：北海道厚岸郡濱中町熊牛基線 109
http://www.farmdesigns.com

6 櫻工房的100%生乳優格

鮮奶油層美味的祕密
全都來自現榨新鮮生乳

優格上方分離出一層鮮奶油，這是因為現榨 100% 的新鮮生乳，脂肪球沒有分離才有的現象。攪拌均勻後吃起來滑順綿密，加上濃醇口感，其中帶有柔和的甜味。

山岸牧場「櫻工房」
北海道河東郡士幌町字中士幌東 8-115
http://www.sakura-koubou.jp

8 Mr. 柳葉魚

公柳葉魚的油脂真美味！

使用釧路產的柳葉魚（公魚）為原料，以煙燻風味調味，再經過幾天日曬，是產量相當稀少的珍品。恰到好處的油脂，加上濃醇口味堪稱一絕。這是相當受到歡迎的釧路名產伴手禮。燒烤一下再吃更添美味！

釧路市漁業協同組合 總合流通中心
北海道釧路市西港 1 丁目 98 番 18 號
http://www.gyokyou.or.jp

那麼，「皮耶先生」
會怎麼安排呢？

道東愛的盡頭……

在知床來一場皮耶散步。

PIE SANPO at SHIRETOKO

Text : Yoshiko Nakayama
Photo : Tomoki Kokubun
Design : Misato Suzuki

謎樣的店，謎樣的人

登錄為世界自然遺產的知床半島中心，斜里町的宇登呂。從海洋延伸到陸地的這個地區，有一套獨立的生態系，有棕熊、蝦夷鹿等野生動物棲息，而且數量很多。這裡是所謂「大地的盡頭」。白天雖然有觀光客，顯得熱鬧，一旦入夜就是個只聽得到海浪聲的寧靜小漁村。二〇一八年十月的某一天，我因為有點事情睽違已久造訪此處，晚上在漁港附近看到亮起的霓虹燈招牌，與周邊環境格格不入。

「是新開的店嗎？」在好奇心的驅使下，我推開店門。裡頭看來感覺像是直接頂了舊店家後趕著翻新就營業，但黑板上的菜單除了有多種義大利麵及酒精飲料，竟然還有與宇登呂距離超過一百公里的北見市名產「洋蔥可樂餅（註１）」。在略帶驚訝下點了幾道菜，每一樣都很好吃。「什麼時候開幕的啊？」我向那名年齡不詳貌似老闆的人攀談。這番手藝想必不是一天兩天就能造就。「其實我在北見也開了店，這間分店算季節限定，剛開不久。還有啊，我白天是當自然嚮導啦。身兼二職。」「!?」這就是我與「皮耶」，也就是三浦隆浩初識的經過。

身兼二職。這個詞對我來說一點也不陌生。請容我簡單自我介紹。我在斜里土生土長，和當地的同伴們發行了一份介紹鄉里的迷你刊物《知床筆記本》（目前停刊中），此外平常我還從事印刷工作，偶爾寫點文章，因為很喜歡舊書也會弄個移動二手書店……。總之，多年來就是這樣毫無節操腳踏多條船。歸結到我的出發點，就是在這個人口不到一萬兩千人的鄉下地方，想想該怎麼樣能活得更有意思，這也是我生活動力的來源。那麼，這位「皮耶」又是如何呢？

醒著的時間愈多，
人生不就賺到嗎？
醒著的時候愈多，
就有愈多開心的事。

三浦隆浩

Cafe bar Psychedelic
知床酒場 Pirikadelic
北海道戶外嚮導 Mother Nature's Son代表

1974年出生於帶廣。20歲時自帶廣移居北見。2002年開了「Cafe bar Psychedelic」，自2018年在知床擔任文化嚮導，2019年開了「知床酒場Pirikadelic」。具備北海道戶外嚮導、北海道觀光大師、北海道美食大師、溫泉Sommelier等認證資格。

果然是謎樣的人物
專訪皮耶

二〇二〇年三月的某一天，我再次來到宇登呂。因為負責這本刊物的中西拓郎提出邀約，「希望你去採訪皮耶」。我覺得這麼難得的機會不會再有，於是二話不說就答應了。採訪地點就約在皮耶於二〇一九年開的小酒館「知床酒場 Pirikadelic」。前面提到的那間店是臨時簡單裝潢就開業，一陣子之後結束營業，後來為了在知床落腳就新開了這間小酒館。蝦夷鹿角的吊燈閃閃發亮，細細窄窄狹長的店內夾雜了北海道風情與皮耶獨特的品味，別有一番情趣。而這一天的主角，就在那座曲折宛如蜿蜒小溪的木質吧台後方。

——聽說皮耶先生出身帶廣市，二十歲之後才移居到北見市。

皮耶　是啊。為什麼到北見呢？其實我高中畢業之後，在帶廣一間製造家具的公司工作了兩年。做得太開心且愛上家具，想更深入研究家具，於是進了北見的高等技術專業學院。我平常習慣戴一頂貝雷帽來遮住亂翹的頭髮，班上女同學竟然說，「這樣好像法國畫家！」還幫我取了綽號「皮耶爾（Pierre）」。又因為我比班上其他同學年紀來得大，大家就很有禮貌叫我「皮耶先生」。

——原來是這樣啊。當年學到的技術現在都能持續活用嗎？

皮耶　我靠著鑿刀和木工刨刀拿到製作家具的認證，店裡這些桌椅之類的全都是自己打造。畢業後我就留在北見，到一間木工廠工作，晚上兼差當酒保。我從高中畢業之後就一直身兼數職。以前在帶廣除了正職之外還會去法式餐廳打工。我這個人就是閒不下來，隨時都想找事做。

——感覺好像迴游魚類哦。那麼，木工兼酒保的生活持續了多久呢？

皮耶　兩年。後來跟朋友在北見開了一間酒吧，只維持了兩年，然後到其他酒吧上班，同時繼續當木工。那段時間我還接受北見薄荷紀念館（註2）的委託，打造了蒸餾釜喔。把收在農家倉庫裡破舊的釜拿來拆掉之後重新修復。

——真的是專業工匠耶……。那時候應該是二十五、六歲吧？好精實的人生哦。

皮耶　沒錯沒錯。因為我一直以來日夜都在工作，跟其他人比起來，人生經驗是多一些。醒著的時間愈多，人生不就賺到了嗎？醒著的時候愈多，就有愈多開心的事。我不想中間留空檔呀。

——這種說法很極端耶……嗯，不過你也始終貫徹（笑）。

皮耶　二十八、九歲的時候，我在北見開了「Cafe bar Psychedelic」，現在持續營業。邁入十七個年頭，在市區裡算是老店了。帶廣是一片平原，但北見這邊有很多山可以到處玩，離知床又近，這些地理條件都深得我心。打從我定居到這裡之後，就不時去知床到處走。過去我都是一個人到戶外散步，直到幾年前有個在YouTube頻道上的節目〈鄂霍次克資訊放送〉（註3）找上我，問我「要不要加入？」我才開始帶著其他人走。沒想到

（註1）位於鄂霍次克轄區內的北見市，洋蔥生產量號稱全日本第一。使用大量洋蔥製作出前所未見的可樂餅。並曾在全國可樂餅展中獲得兩次優勝。

（註2）這間資料館展示了戰前北見市一項代表性產業——薄荷的歷史。皮耶修復的蒸餾釜，現在就放在資料館旁邊的「薄荷蒸餾館」裡。（北見市南仲町1丁目7-28 電話：0157-23-6200）

（註3）YouTube頻道上的鄂霍次克資訊放送節目（現在的節目名稱為〈鄂霍放送NEO〉）。皮耶在2016年開了「皮耶散步」的單元，介紹道東的戶外景點。

皮耶拍攝的知床景致。

非常受到歡迎……我心想，搞不好這可以成為一份工作。後來，我帶著店裡的顧客，不僅知床，還走遍整個道東。然後碰巧得知有個知床五湖登錄嚮導的考試（註4），覺得很有趣就報考取得資格了。但如果要專職導覽的話，夏天就得住在知床。這麼一來，晚上又沒事做啦（笑），於是想到開一間給當地人消費的餐廳好了。就是一開始我們認識的那間店。在宇登呂還有人謠傳我有雙胞胎兄弟咧（笑）。說其實白天跟晚上是不同的人，或是另外有替身。

——這也難怪啦……。結果在知床當了嚮導之後覺得怎麼樣？

皮耶　就整個北海道來看，道東這一區根本集結了北海道的精華嘛！北海道地區有六座國家公園，各具特色，利尻禮文的話就是島嶼，大雪山則是山，阿寒摩周是森林和湖泊；支笏洞爺是火山，釧路濕原是水。知床這裡感覺就是將這些景點濃縮在半島之中。如果要實際感受北海道，我認為這是很棒的地點。

在寂靜的知床五湖

採訪的後半段，我請皮耶帶我走一趟冬季限定的知床五湖雪靴行。知床五湖位於知床的內陸，岩尾別地區，每年冬季因為積雪而封閉，只有跟著皮耶這種登錄嚮導參加付費導覽才能進入。有別於流冰漫步（註5）那種在海中冰上熱鬧嬉戲的氣氛，籠罩在一片寂靜下的知床五湖，可說是考驗嚮導個性與實力的地方。

經過普優尼岬（Cape Puyuni）（註6），俯視滿是流冰的鄂霍次克海，眺望知床群山（註7），前往位於山麓間的知床五湖。「上下班走這條路超美的吧！」駕著車的皮耶笑道。他打開禁止通行的大門，行駛在剛下過雪的車道上。到了停車場，我們換雪靴，展開冒險。最棒的就是在冬天不必擔心遇到棕熊，太好了。

「這個時期棕熊都在洞裡冬眠。每年六到七月是發情期，然後懷孕。棕熊寶寶剛出生時就跟五百CC寶特瓶差不多大，經過兩次冬天就會獨立生活，平均壽命大概是二十歲。」

搖身一變成了專業嚮導的皮耶為我解說。雖然比起夏季，動物的動靜少了許多，但雪地上仍觀察得到北海道赤狐、歐亞紅松鼠的蹤跡，也就是所謂的「動物追蹤（Animal Tracking）」，非常好玩。

皮耶指著一處樹木的斷株說，「這是知床在劃定為國家公園之前，前人在這裡開墾的痕跡。庫頁冷杉會製成夾板，木漿，水楢則是做成威士忌木桶的材料。厚岸的威士忌（註8）用的就是水楢桶。我認為未來威士忌釀造產業在北海道會持續成長。」皮耶從木工專業的角度補充說明。一根樹木斷株也包含了人類的歷史，延伸到今日。皮耶大力發揮做為說書人的本領。

在散步的過程中，我們一下子穿過有蝦夷鹿啃食樹皮的森林，一下子又走在凍結的湖面上。「知床五湖是因為知床硫磺山的火山活動，在大約三千七百年前形成的窪地中流入地下水，之後就形成湖泊。沒有匯入的河川也沒有流出的支流。原本湖裡是沒有魚的，但戰後移居過來開墾的人將各種魚類放養進一湖到四湖，現在只剩鯽魚存活下來，在夏天就看得到。」接下來皮耶繼續天南地北聊，從昭和前期硫磺開採的強制勞動（註9），講到現代的知床一百平方公尺運動（註10）等，內容包羅萬象。乍看之下是「渾然天成、未有人為加工的大自然」，事實上，知床五湖的背後也有一段開墾的歷史。身為當地居民的我，會「迷上」知床，正因為感受到人類

知床五湖內、一湖から眺める知床連山。

不屈服於神祕的大自然，堅強面對的精神。這次與皮耶同遊，讓我體會到自己重新回到原點。

行程結束後

——我覺得你是一位喜愛大自然，同時也喜愛「人群」的嚮導。

皮耶　歷史有光和影兩個面向，我希望藉由說故事，讓開墾的前人努力付出得到代價。回來講講北見，北見地區有超過一百五十座公園，我跟孩子花了四、五年時間全部走過一遍。太好玩了！一開始我只是拍完照，想說可以繼續往下一個地點，但每次孩子總要玩到盡興才肯走，所以進度很慢（笑）。後來我觀察到「咦？這裡本來是條河嗎？」或是「這裡的社區感覺年代真久遠」，研究之下發現原來是一開始開墾的地區。知道因為歷史才有了今日之後，非常感動，更深愛這塊土地。

——也就是類似鄉土史學家的玩法吧。

皮耶　在我出身的帶廣也是，小學五年級左右在課堂上會花一整年時間研究帶廣市的歷史。例如了解設計六花亭晚成奶油夾心餅乾包裝的「晚成社（註11）」有什麼樣的歷史。然後，才藝表演時也會演出十勝開拓史的話劇。因為有這些背景，讓我愛上研究町史、市史，想更深入了解自己所到之處，一點都不覺得辛苦。我也讀了斜里的町史。

——這次我還找了先前在弟子屈町的嚮導國分知貴來當攝影師。國分先生，你有什麼感想？

國分　最大的感想就是嚮導真的有百百種耶。可以充分感受到皮耶多年來在木工、餐飲，還有陪伴孩子的那些時光。這些全都串在一起了。用划獨木舟來比喻的話，就是看一個人划槳的模樣，在一瞬間就知道他在獨木舟的練習上花費多少時間。皮耶就是嚮導們會崇拜的那種嚮導。

皮耶　沒有啦……（難為情地笑）

不想留空檔的時間。因為只要醒著，就會有開心的事——。看似不按牌理出牌的皮耶，其實他將木工的經歷運用在店內裝潢上，擔任嚮導也活用了在餐廳裡與顧客的應對技巧。白天放眼全球接待來自世界各國的旅客，到了夜晚用料理與酒撫慰當地居民的心靈。這彷彿就像知床的生態系，內容豐富卻不多餘，充滿建設性……這番形容是否太誇張？

「我對道東這塊土地愛到無藥可救了。只要大家來過後之後還想帶其他人過來，就太棒啦！」

SHOP DATA

Cafe bar Psychedelic

北海道北見市北2条西1丁目15
✆ 0157-31-8234
11:00～15:00、18:00～3:00
㊡ 週一公休（夏季赴知床當嚮導，暫停營業）

SHOP DATA

知床酒場 Pirikadelic

北海道斜里郡斜里町宇登呂東220
✆ 090-3117-4935
19:00～3:00
㊡ 星期三公休（冬季限定）
https://www.mnspie.com/pirikadelic

SHOP DATA

北海道戶外嚮導
Mother Nature's Son

北海道斜里郡斜里町宇登呂東220
✆ 090-3117-4935
http://www.shiretoko.asia/guide/mothernaturesson.html

（註4）五湖有一條在漫步森林同時能繞湖一圈的地面步道，另外有一條眺望知床群山和鄂霍次克海的高架木道。在棕熊活動期間（5月10日～7月31日）要走地面步道的話，必須有通過棕熊應對法等危機管理測驗的「知床五湖登錄嚮導」帶領才能進入。

（註5）冬季的經典觀光行程。由嚮導陪同，身穿防水潛水衣在流冰上行走，可以浮在海面上。這項戶外活動只有在流冰密度高的知床才能體驗到。

（註6）知床八景之一。從斜里町宇登呂市區往知床岬、知床五湖的上坡路，途中的絕美景點。尤其到了流冰季節，更是美得震撼人心。

（註7）貫穿知床半島正中央的山脈。最高峰是日本百岳之一，羅臼岳（標高1661m），從山頂能將知床半島、鄂霍次克海、甚至北方領土盡收眼底。

（註8）釧路轄內的厚岸町因為氣候類似威士忌著名產地蘇格蘭艾雷島，自二〇一六年起啟動了道東第一座威士忌蒸餾所。「厚岸威士忌sarorunkamuy」成為日本國產威士忌的潛力新秀，備受矚目。

（註9）知床硫磺山過去噴發出高純度的硫磺，因此在明治與昭和時期都曾進行開採。也因為嚴苛的勞動環境導致許多強制勞動者喪命。這是知床歷史黑暗的一頁。

（註10）一九七七年起斜里町展開的一場運動，向日本全國募款，希望能買下知床國家公園內的開墾前址，重建森林。當時的活動口號就是「要不要在知床購買夢想？」

（註11）有「十勝開墾之父」稱號的依田勉三領導的開墾團，在一九〇五年首次於北海道將奶油（晚成奶油）商品化。為了向這群人致敬，十勝轄內帶廣市的甜點工廠「六花亭」招牌商品「晚成奶油夾心餅乾」的包裝設計沿用了那款奶油當初推出時的圖案。口味單純的餅乾搭配濃醇的奶油醬，令人難以抗拒。

初步了解 道東の民族史

阿伊努之前，繩文之後的期間

在日本，現在很多人都知道北海道的原住民屬於「阿伊努民族」。但大家知道阿伊努文化之前的時代嗎？事實上，直到一百五十年之前，過去的北海道和日本本州有著截然不同文化與歷史。想要了解北海道，以及道東的民族史，必須回溯到超過兩千年前，也就是繩文時代。

仔細看看左頁的時期劃分年表就會發現，當本州進入「彌生時期」時，北海道的生活模式仍舊在繩文時期，沒有改變，延續到「續繩文時期」。

接下來，當續繩文時期接近尾聲時，即使都是北海道，接近本州的西側與接近庫頁島（樺太）的東側，出現了不同的文化。

3世紀～13世紀左右

鄂霍次克文化

豐富的飲食

除了海裡的魚獵之外，也會在陸地上採集。像是採集大麥、小米等雜糧還有樹果食用，另外也飼養狗、豬作為糧食來源。

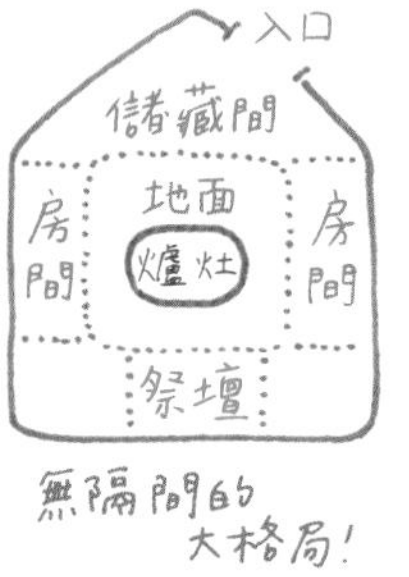

將地面往下挖成五角形、六角形的豎穴式住屋

一處住屋大約可住3～4個家庭，將近20人！住屋多半建在靠近海岸的地方，屋內會有石頭堆疊出的爐子，還有祭壇。

棕熊具有特殊地位

在住屋內側的祭壇會有骨塚，由各種動物的骨頭堆積而成。其中只有棕熊的頭蓋骨另行放置，由此可知，對鄂霍次克人而言，棕熊的地位有別於一般動物。

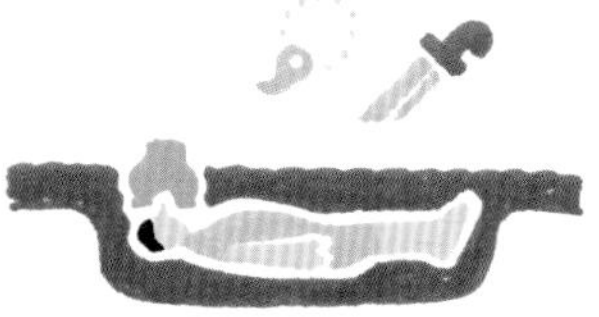

特殊的埋葬方式

埋葬時亡者幾乎都是頭朝著西北方，並且會倒扣一只土器在臉上。這很可能是帶有特殊祈禱的意義吧……。另外，亡者生前喜愛的物品也會一起陪葬。

穿什麼樣的服裝？

有關鄂霍次克人的服裝，其實至今還不清楚……據說應該就跟其他北方的民族差不多，會身披海豹或海獺的毛皮。

和庫頁島（樺太）與大陸（中國）都有交易

在鄂霍次克文化遺跡出土的飾帶、軟玉等，也出現在黑龍江中下游同一個時期的遺跡中，代表過去有交易的跡象。

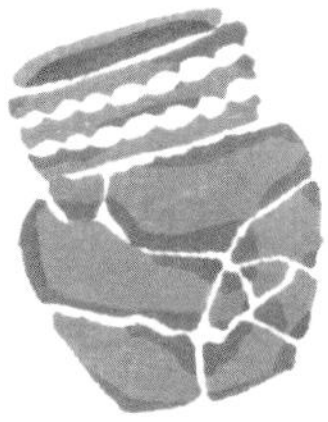

鄂霍次克式土器

開口寬闊的壺狀土器。在各式各樣的圖案中，又以使用細長黏土繩的「素麵紋」這種纖細的圖案為特色。

牙製雕刻超可愛！

文物中有很多使用海獸牙齒製成的棕熊或女性圖案雕刻。現在在「常呂遺跡之森」、「北方民族博物館」裡都能看到牙製雕刻的實物！

魚獵與海獸狩獵

除了以巧妙狩獵技術獵食鯨魚、海豹及海獅等海獸，另外也會捕撈鯡魚、花魚等魚類，以及鮑魚等貝類，甚至還有海膽。飲食相當豪華！

海洋子民，鄂霍次克文化

續繩文時期進入尾聲，在北海道西側進入「擦文時期」同時，東側則已有成熟的「鄂霍次克文化」。

距今約一千八百年前，從北方大陸庫頁島開始有些具有不同文化的人群，渡海來到北海道。這些人以現今的網走市為中心，逐漸朝鄂霍次克海沿岸、千島列島方向拓展，最後混入原本居住在這些地方的續繩文時代人。這些人具有高超的航海技術與狩獵海獸的技術，加上與大海共生，因此被稱為「海洋子民」。此外，由於這群人具備「特別重視熊類的文化」，一般也認為這成了後來阿伊努民族信仰的根源。雖然這支文化目前尚有很多未解之謎，但推測這段時期無論在精神上或物質上都相當豐富。

然而，隨著歲月過去，混入了西側的擦文文化之後，鄂霍次克文化也就逐漸消失了。

＊關於鄂霍次克文化圈眾說紛紜，但在網走的「最寄貝塚」、北見的「常呂遺跡之森」，其他還有道南的奧尻島等地，都曾發現過鄂霍次克文化的遺跡。

融合的時期，飛仁帶文化

道東部分地區曾有跨越將近四百年存在著擦文文化與鄂霍次克文化融合後的「飛仁帶文化」。由於最初是在羅臼町飛仁帶這個地方發現，因而命名。和鄂霍次克文化一樣，這項文化目前還有很多謎團，各界持續研究中。

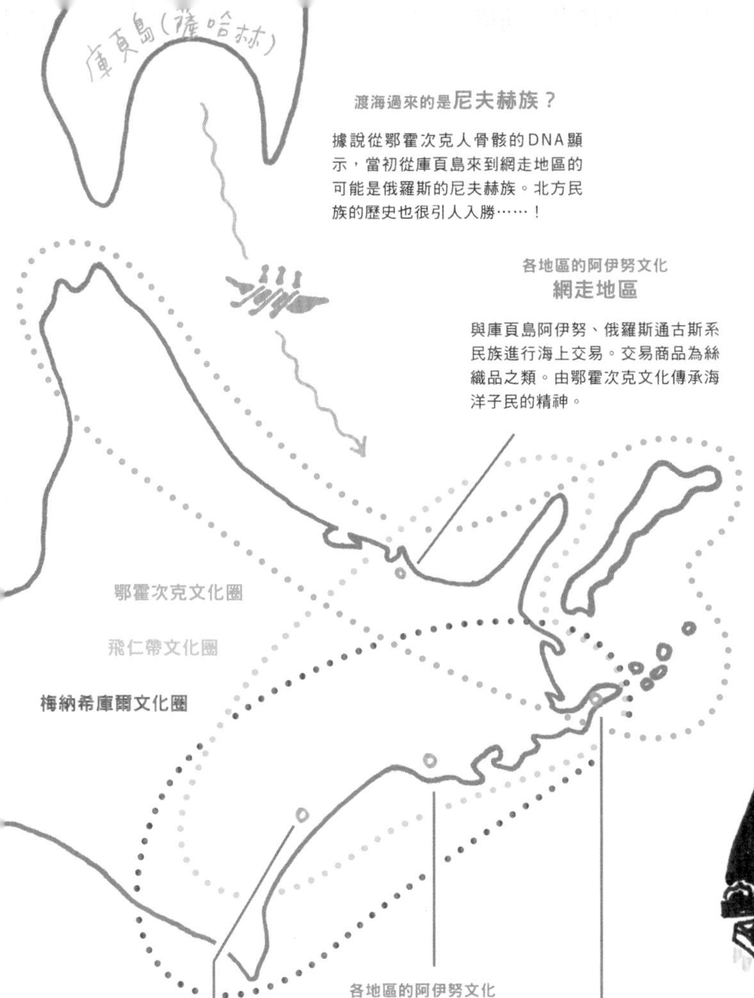

渡海過來的是**尼夫赫族**？

據說從鄂霍次克人骨骸的DNA顯示，當初從庫頁島來到網走地區的可能是俄羅斯的尼夫赫族。北方民族的歷史也很引人入勝……！

各地區的阿伊努文化
網走地區

與庫頁島阿伊努、俄羅斯通古斯系民族進行海上交易。交易商品為絲織品之類。由鄂霍次克文化傳承海洋子民的精神。

各地區的阿伊努文化
釧路地區

1934年阿寒湖周邊指定為國家公園，發展觀光產業。包括木工技藝等珍貴的傳統藝術及工匠技法都傳承到現代。

各地區的阿伊努文化
十勝地區

最著名的就是源自火山岩的十勝石（黑曜石），是一種美麗的黑色玻璃質礦石。自繩文時期就用於加工箭頭與刀器。

各地區的阿伊努文化
根室地區

因為與北方各國、俄羅斯等交集較多的地區特性，這股勢力似乎也很強。在這一區也發現最多為了作戰而設的圍牆，由此可見其勢力強大。

時期劃分年表（各時期的起始與結束眾說紛紜）

年代	西元前12萬年	西元前1萬4000年					西元前4世紀		7世紀		9世紀	13世紀		17世紀	19世紀
以道東為主	舊石器時期	早期（繩文時期）	前期（繩文時期）	中期（繩文時期）	後期（繩文時期）	晚期（繩文時期）	續繩文時期	鄂霍次克文化		飛仁帶文化		阿伊努文化			明治時期…
北海道	舊石器時期	早期（繩文時期）	前期（繩文時期）	中期（繩文時期）	後期（繩文時期）	晚期（繩文時期）	續繩文時期	擦文時期				阿伊努文化			明治時期…
本州	舊石器時期	草創期・早期（繩文時期）	前期（繩文時期）	中期（繩文時期）	後期（繩文時期）	晚期（繩文時期）	彌生時期	古墳時期	飛鳥時期	奈良時期	平安時期	鎌倉時期	室町時期・戰國時期・安土・桃山時期	江戶時期	明治時期…

了解時期劃分的重點

本州從彌生時期開始有水稻耕作。大體而言，進入稻作與否也是北海道和本州文化的分水嶺。

13世紀～19世紀左右

阿伊努文化

9世紀～13世紀左右

飛仁帶文化

飛仁帶式土器

除了底部之外，基本上和擦文時期的土器外型相同，表面卻附有繩狀花紋（素麵紋），可看出文化逐漸混合。

住屋從海岸移往內陸

飛仁帶文化最大的變化就是生活移往內陸。此外，住屋融合了方圓角落（擦文時期的特色）與石頭堆爐（鄂霍次克的特色）。

代表各個時代的土器

另外，每個文化時期的分界究竟是怎麼來的呢？研究上不可或缺的就是挖掘調查歷史遺跡。從出土的地層、埋藏文化財的外型及圖案等，就能解讀出當時的時代與生活樣貌。其中一項很重要的出土品就是「土器」。因為有繩索紋路的圖案就稱繩文，有擦拭的痕跡就叫擦文……簡單來說，每個時期都有各自流行的紋路，然後就成了該時代的命名。至於土器的製作者，通常是守在家中的女性，可以想像是由媽媽教導孩子，傳承製作土器的技術。事實上，從一些遺跡中也找到看似孩子模仿製作出的「小型土器」或是「失敗土器」。這個時期的人們還沒有文字，便以花紋的形式留在器物上，帶有「驅魔」、「祈福」的意義在內。在那個比現今更多危機、隨時得面臨死亡的時代，女性將牽掛家人的心意捏進土裡，描繪紋路，再用這些土器煮飯給全家人吃的模樣，想像起來就感到萬分溫暖，無比幸福。

東方阿伊努文化，梅納希庫爾

接下來，即將進入阿伊努文化的時期。從根室往靜內一帶的群體稱為「梅納希庫爾」（menas-un-kur）。音譯的梅納希有著「（從東或南方吹來的）強風」的意思，也就是代表東方。前面也提過，以鄂霍次克文化為起點融合的道東文化圈，經過一段時間之後才接續進入阿伊努文化時期。只有在梅納希庫爾活動的範圍，發現多處推測是戰時使用到的圍牆，有一個說法是，這是因為和西方的阿伊努與和人（編按：阿伊努族以外的日本人）在進行交易時起了爭執。

text,design,illustration／文編（monpaign）本頁根據各資料館資料與文獻編寫而成。

從牛隻尿液誕生的除臭液!? 開發「消除」的親子兩代故事

環境大善株式會社
社長
窪之內誠

環境大善株式會社
會長
窪之內覺

從曾是公害的牛隻尿液誕生出環保的除臭液。這款令人難以相信的商品「消除」就出現在北見。這款除臭液在科學上能證明具有除臭效果，卻不清楚是什麼機制，非常神奇。研發的廠商是「環境大善」，該公司獨樹一格的理念正是「向微生物的作用學習經營」。而這款「消除」就是藉由看不見的微生物作用誕生的商品。究竟「不知道為什麼但的確很有效的除臭液」是如何生產出來的呢？能讓土壤起死回生、水質變得清澈的微生物有多厲害？此外，牛隻的尿液真的能拯救地球環境嗎？這次來請環境大善社長窪之內誠來談談這款神祕的除臭液「消除」。

＊2020月3月1日起公司更名為「環境大善株式會社」。

無人知曉箇中奧妙的除臭液誕生的過程

──聽說「消除」這款除臭液在科學上證明了具備除臭效果，但其中的機制仍然不明，當初是怎麼開發出來的呢？

窪之內誠（以下簡稱窪之內）其實開發「消除」這款商品的是前任社長，也就是我父親。我父親本來在北見一間生活用品大賣場擔任店長，但他不僅負責銷售，同時也開發商品。比方說，能夠輕鬆調整火力的小烤爐，或是自有品牌烤肉醬等等。

──所以不只是市場上現有的商品，也會銷售自己開發的商品？

窪之內　是的。「消除」也是其中之一，只是最初的緣由是客戶來找他討論：「我試過好多種除臭劑都沒用，能不能介紹我真的可以消除狗上廁所後臭味的商品啊？」於是，我父親每次到了日用品．生活雜貨展示會上，就會去找新的除臭劑，但全都沒什麼效果。久而久之，他滿腦子只想著除臭劑的事。

──想著有沒有能有效消除狗上廁所臭味的商品嗎？

窪之內　是啊。就在他傷透腦筋時，有一天，北見的一位酪農來找他。對方拿著一只燒酎的大酒瓶，裡頭裝了褐色液體，問我父親：「這能不能賣錢啊？」

──那個液體是什麼呢？

窪之內　那是牛隻尿液分解後的液體。那時候在北見的畜牧業會將飼養的牛隻尿液直接排放到河川，引起污染水質的公害。為了防止這種狀況，中央和農業團體開發出能將牛隻尿液轉為無害的設備，最後產生的就是那個褐色液體。

──也就是說，那是已經無害的牛隻尿液。

窪之內　對。那位酪農來到我父親工作的大賣場，跟他討論「這個能不能當作園藝肥料賣錢呢？」事實上，他們曾經把液體灑到田裡，而作物真的長得很好，有顯著的成效。不過，我父親當時發現這個液體明明是牛尿，為什麼卻不臭呢，反倒心想，「搞不好這可以當作除臭劑？」畢竟他滿腦子想的都是除臭劑嘛（笑）。

──不管看到什麼都想著「能不能當除臭劑？」吧（笑）。

窪之內　於是，我父親找了大賣場的員工，請他們把這個液體噴到排水溝還有寵物廁所試試看，沒想到臭味竟然消失，效果驚人。經過安全測試，還有開發脫色技術讓液體變得透明後，就以商品推出，大受好評。感謝大家喜愛，賣得非常好。接下來愈來愈多其他的賣場也開始販售，從北見、北海道全區，最後拓展到全國。整個過程就是這樣。

上：在公司內展示的水槽。據說從二〇一三年之後就沒換過水，但乾淨的水中還有金魚活潑悠游。下：正在發酵的「消除」原液。

保留原來好的氣味，只除去惱人臭味

──我有個非常基本的問題，從牛隻尿液誕生的「消除」，到底是以什麼樣的機制來消除臭味的呢？

窪之內　這個呢，就是個謎啊。

──為什麼牛尿會有除臭效果是個謎嗎……

窪之內　目前販賣的「消除」，是將從酪農農場收購已無害的牛尿液體，經過我們獨家技術發酵、加工製成。毫無疑問，除臭效果與微生物有關，但其中詳細的過程卻還不清楚。話說回來，這個液體裡含有各式各樣的微生物，而現在連究竟是哪一種能產生除臭效果也不知道。微生物的發酵我們稱為複雜系，裡頭究竟是哪種微生物，什麼樣的組合，會在什麼樣的情況下作用，我們建立了不知道多少種假設。

──原來如此。

窪之內　釀酒和製味噌也差不多吧，誘發發酵的微生物，和最後決定味道的微生物，其實是不同種類。而且，要是沒有一開始作用的微生物，最後作用的微生物就完全沒反應，有一定的順序。我們也到大學或研究機構進行研究，到現在還是不清楚是怎麼回事。在當年我父親推出「消除」的時候就幾乎沒提過什麼科學證據，只靠「實際感受」來決勝負。「讓多一點不同人來試試，就能獲得實際感受與效果。這麼一來，總有一天會解開其中的細節奧祕吧。」大概就是這樣的想法（笑）。

──也就是比起證據更重視以實際感受為基礎吧。不過，在這麼複雜的條件下，該怎麼控制微生物呢？

窪之內　我們能做的就只有塑造一個促進微生物發酵的環境。具體來說，就是配合季節、天氣，提供適當的溫度與濕度，讓微生物能健康活動。不過要找到理想的條件必須花費很多時間和心力，不斷嘗試找出能重現微生物發酵的模式。

──要面對連肉眼都看不見的微生物，然後一而再、再而三反覆這樣的作業，光用想的就覺得累了。

窪之內　除臭效果當然不用多說了，此外，「消除」這款商品使用百分之百天然成分，就算觸碰到肌膚或是不慎吸入都不會造成傷害。徹底做好品質管理，保證安全無虞，讓消費者能夠用得安心。

──既然面對的是生物，從這個角度來看，比起化學更接近農業或畜牧業耶。

窪之內　是的。市面上的除臭劑，一般來說用的都是所謂「掩蓋」的方式，也就是把好的氣味噴在不舒服的臭味上，但「消除」是只去除惱人的臭味，原本的氣味則會保留下來。例如就算噴在花朵上，原本的花香味並不會消失，但如果花已經腐爛產生臭味，就能針對臭味產生除臭效果。

──太厲害了吧！為什麼會有這麼棒的作用？

窪之內　這個目前也還在研究中，但其實發酵和腐敗只是一線之隔，好菌占上風就是發酵，壞菌取得優勢就變成腐敗。「消除」就是將原本壞菌多的腐敗狀態，轉換為好菌占優勢的狀況，保留原有的好氣味，只消除腐敗臭味。但反過來說，也有它的盲點，像是對於香水、化學作用產生的臭味就沒什麼反應。

──也就是說，從最根本的作用機制上就和其他除臭劑不同耶。因為這樣，才能連狗狗廁所的臭味都能消除吧。愈聽愈覺得這款液體真不可思議。

牛隻的尿液能調節自然環境？

窪之內　後來發現，我們開發的這款液體除了空氣之外，對於土壤、水源都有很好的影響。因為液體中有各式各樣的微生物，有活的、死的、還有在假死狀態的。將這個液體噴灑到土壤，土壤中數不清的微生物受到刺激，就會不斷將肥料成分分解為無機物。

──將有機物轉變為無機物嗎？

窪之內　是的。植物生長時需要氮、磷、鉀等元素，其中氮與磷要是沒有分解成無機物就無法吸收。其實，肥料成分在自然界終究會轉為無機物，但在這個液體的作用下可加速反應的過程。

──換句話說，就是將土壤變得讓植物更容易吸收養分吧？

窪之內　沒錯。現在在東南亞的農業愈來愈多藉由取得Global G.A.P來提高附加價值，或是盡量使用堆肥，不使用農藥。日本在迎接奧運到來的同時也慢

右：獲得窪之內社長百分之百信任的工廠廠長。這位技術高超的工程師，連市價好幾百萬的機械設備也全靠自行繪製設計圖打造，從提升工作效率及降低成本雙管齊下支援第一線。
左：可一鍵定量裝瓶的設備、幫助貼正標籤的小工具，這些也都是由廠長開發。機械化與手工作業分頭並進，廠內瀰漫眾人團結一心製作產品的氣氛。

慢朝這個方向邁進，只不過雖然這樣能減少環境的負擔，卻很容易導致收穫量高高低低，難保穩定。但用了我們這種液體之後，土壤變得非常肥沃，加上不容易長蟲，就能提升收穫量。這麼一來，就形成良性雙螺旋，也就是一方面減少使用化學肥料及農藥，同時能夠提升收穫量。

——用在水裡會有什麼效果呢？

窪之內　加入這個液體之後，水會變得乾淨。例如曾經用在越南的養蝦場。養殖在成長過程中會有一定數量死亡。假設養殖一百萬隻幼蝦，最後收穫量是七十萬隻，有三十萬隻死掉，這些屍體會在水中腐敗，產生阿摩尼亞。這對蝦子來說就是毒物。其實人類要是肝或腎功能下降，無法分解阿摩尼亞時，不也是會導致多重器官衰竭死亡嗎？所以在水裡也一樣，如何控制阿摩尼亞，也就是氨含量就變得很重要了。加入我們的液體後，微生物會有助分解蝦子的屍體與糞便。

——這麼一來，水中氨含量降低，也會減少養殖過程中蝦子死亡的數量嗎？

窪之內　是的。而且，進食的狀況也變好，還能加快成長的速度。只要能提供蝦子理想舒適的環境，飼養七十萬隻幼蝦甚至能期待接近七十萬隻的收穫量。換句話說，這是幼蝦很不容易死掉的環境。實際上不太可能一隻都不死，但我們確實收到報告，曾有過去收穫量大約八百公斤的養殖戶，在使用這個液體後收穫量提高到四點三噸。

——這也太神奇了吧！牛的尿竟然從空氣、土壤到水都能改善。

向微生物學習友善工作環境「發酵經營」的觀念

窪之內　我父親著手開發「消除」，已經是二十三年前的事了。當時那位酪農也沒想到牛的尿液竟然會變成這種商品吧。除了牛奶、食用肉之外還有其他價值。

——畢竟原本以為是廢棄物嘛。

窪之內　我們這項事業首先讓牛隻尿液在設備中發酵。到了這個階段，即使排放到土壤或水源中也無害，等於已經阻止了一次環境污染。接下來在我們工廠經過加工、包裝，成為能改善土壤、水質和空氣的商品。這麼一來就能同時達到防止污染，又能改善環境的目標。

——也就是能把負面轉換成正面。

窪之內　對。就是現在常說的升級再造（Upcycle）。回收再造（Recycle）是等價轉換，但進一步將污染源也就是牛隻尿液製作成環保商品，又提升了價值。仔細想想這個循環，牛的尿液製成液態堆肥讓土壤恢復地力，栽種出的牧草讓牛吃了之後，創造出鮮奶的價值，然後尿液再次製成天然液態堆肥。我們希望將這種模式慢慢推廣出去，因此積極研究開發。

——令尊的年代還沒有「升級再造」這個詞，但他的想法跟你剛才說的一樣。

窪之內　就是這樣。而且，還藉此帶動了自己周圍的經濟，完全落實了現在常講的「循環經濟」。從銷售牛隻尿液的酪農戶、以油罐車運送的運輸公司，還有加工製成商品的我們，這樣就構成了循環型的經濟模式。大夥兒在互助之中創造利益，還能減輕對地球環境的負擔。想想這樣的循環在二十幾年前就形成，真的很了不起。

——不是套用既有的觀念，而是從零發想且憑感覺完成這一切，非常不簡單。

窪之內　不過，那些年我父親一路走來也很苦。現在講起來當笑話了，但是在「消除」的銷售量慢慢提升，開始有報章雜誌介紹時，我們一家人可是受盡奚落。人家覺得我們好像「全家靠牛尿在養」。只是，我父親有很強的信念，無論如何都想讓這項事業成功，還把我妹唸大學的獎學金全都投入當作創業基金，他還說「學費我會來付！」（笑）

——好犀利的經營判斷（笑）。

窪之內　那時候還沒有所謂的「天使投資人」，籌措資金好像也花了很大工夫。我們公司就靠父親找朋友出資，總算走到今天的規模。想當初，我父親要創業，辭掉大賣場的工作時也跟公司說，「我不要退職金，但請把製作這款液體的權利讓給我！」那時候他已經六十二歲了。

——令尊花了這麼多的熱情、金錢和時間，全力投注在這項事業上，究竟是什麼原因讓他有這股信念呢？

窪之內　其實我父親本來也是出生在酪農戶。我母親娘家也是農家，我們家和農業、畜牧業本來就有很深的淵源。過去農民就算為了土壤著想，有意少用化學肥料或農藥，但一想到這麼一來收穫量會減少就猶豫了。我猜想，這些狀況父親一直看在眼裡，於是希望大家能用自己開發的這款液體來解決問題吧。

——也就是實現他的理想，減輕環境負擔同時，也能讓農民的生計穩定。

窪之內　我們不想做出違反大自然運行的行為，因此希望使用這款能改善土壤、水質和空氣的液體，讓地球環境恢復到原本該有的狀態。在管理公司上我也提醒自己要依循大自然的運作，我用「發酵經營」這個詞來說明。也就是向微生物發酵來學習經營的概念。

──向微生物發酵學習經營？

窪之內　是的。先前也提過，發酵和腐敗其實只是一線之隔，好菌取得優勢的話就是發酵，壞菌占上風就變成腐敗，而在這裡決定的關鍵就是「菌生長環境的好壞」。這個道理套用到公司也一樣，讓好菌，也就是好的人才容易發揮的環境，就能持續發酵，推動創新；相反地，不好的環境就容易引起腐敗。

──原來如此。

窪之內　所以，就像我們營造促進微生物活動的環境，也要打造讓公司裡的員工工作愉快的環境，培養優秀人才，花時間醞釀創意。

──從大自然運作的道理中學習經營人類工作的公司，這就是發酵經營的精神吧？

窪之內　是啊。一成不變的話就會遭到淘汰，干預過頭就會腐壞。這些道理套用在公司上不也是一樣嗎？我們公司是利用微生物發酵來製作商品，在這個過程中可以學習很多。我想，如果經營方面也能師法大自然，一定錯不了的。

傳承創辦人的意志
大膽重塑品牌

──窪之內先生在繼承家業之前從事過其他工作嗎？

窪之內　我以前在一間賣OA設備的公司，工作內容就是負責賣影印機、電腦之類。所以說起來，我原本就擅長銷售跟行銷。只不過目前經營成了我主要的工作，為了讓父親開發的這款神奇液體能變得更好而重塑品牌，感覺目前整個團隊就像處在良好的狀態中發酵，朝向目標邁進。

──是打算將令尊投入的這項事業發展得更廣嗎？

窪之內　是的。這幾年來雖然引進推動SDGs的公司變多了，但似乎都還不夠深入。環境大善不但將SDGs徹底落實在公司經營之中，還不斷努力更進一步，就現況而言，幾乎都依照我們的規劃完成。要維持事業發展當然需要有一定的獲益，但我們真正想做的是收集更多牛隻的尿液來製成商品，讓顧客、農家多多使用，藉此減少化學產品、進口飼料，在日本國內帶動資源與經濟的循環。而在這個過程中，也真心覺得自己的事業能拯救全球的環境。

──你的目標就是要打造減輕環境負擔，同時能帶動地方經濟的企業嗎？

窪之內　對。因此，我們必須要成為永續經營的企業，也需要年輕人才的力量。正因為這樣，才需要徹底檢討過去急就章下訂出的品牌，因為得更清楚明瞭讓大家知道我們在做的事情。

──具體來說是怎麼重塑品牌呢？

窪之內　首先，將過去我們公司的業務內容全部列出來，接著思考真正發自內心的口號，還有願景，以及使命之類。我們和住在札幌的藝術總監鎌田順也一起推動這些作業，並與全體員工分享，花了將近兩年的時間終於能對外明確傳達自己這間公司的定位。過去我們並沒有講清楚，「消除」是一款環保的除臭液，使用這款除臭液，等於解決了牛隻尿液造成污染的問題。我想，只要明確表達出這一點，就能讓大眾了解真正的價值所在吧。

──這一連串的過程，感覺也像是窪之內先生將你的DNA完整建立在令尊打造的公司裡呢。

窪之內　趁著品牌重塑時，我們也將過去使用片假名的公司名「環境ダイゼン」更改為漢字「環境大善」。「ダイゼン」這兩個字原本是父親任職的居家用品賣場店名，至於它的來源，是由大工（木工）和營繕（建造或維修建築物）的「大」與「繕」結合而成。但有一次我父親說，「大善就是偉大善行的意思。」因此，在重塑品牌的過程中討論到發酵經營的理念時，我想到「既然我們的目標是仿效好菌的經營方式，那麼，『偉大善行』的這個想法很好啊。」於是，公司名稱就改成漢字「環境大善」了。

──連名稱也完整傳承了令尊的意志。

「環境大善」的挑戰
從地方邁向世界

──對於推動的品牌重塑，令尊有什麼看法呢？

窪之內　我父親一開始也說了一些否定的話。雖然他覺得這樣做是對的，但可能是不想坦然說出口吧。所以他最初還說，「要花錢重塑品牌可以啦，但這樣做有什麼好處呢？」這也是因為他經歷過籌措資金的辛苦吧。

──也會擔心吧。

窪之內　但最後他終究了解我的想法，父親擔任了一年左右的社長，我則是總經理，就由我們倆一起經營。在這段期間，他大概覺得「可以放心交棒」，然後像是進入第二次創業的感覺。現在我父親擔任會長，到處演講，或是公司生產人手不足時會去幫忙，總之只有他想工作時才工作（笑）。

──令尊能放心交棒，你一定很高興吧？

窪之內　他要是真的交棒就好了，但他還是想來公司，還說員工也希望看到他，所以現在我們每天還是會在公司碰面（笑）。看到我父親，會心想所謂「畢生的事業」就是這樣吧。

──相信對令尊而言，這項事業與其為了賺錢，更像是人生的目標、價值吧。

窪之內　剝奪一個人的生存價值，這實在太殘酷了。因此，我們希望公司能讓願意工作的人做想做的事。事實上，目前公司裡也有七十幾歲的員工，而為了這些員工，我們特別保留一些手工的作業，不會將所有工作內容機械化。

──有想要一起工作的同事，就能感受到價值和目標。

窪之內　是啊。像我父親會把自己的事業當作浪漫理想。動不動就說，「這真是浪漫理想啊！」

──把工作當浪漫理想嗎？的確，牛隻的尿液可以拯救世界，這樣的事業真的是浪漫理想耶。

窪之內　我們正打算從北海道的北見這個小地方，前進全世界。現在，在東南亞有消費者使用我們的商品，接下來還要拓展到南美、非洲、歐洲等地。只要使用這款液體能改善環境，讓農作物更豐收，或許就連環境破壞、糧食危機等問題都能解決。總之，希望終有一天能做出這些貢獻。

──好偉大的願景。

窪之內　除此之外，還要讓當地民眾知道，在鄂霍次克地區有間這麼棒的公司。這麼一來，就算離開北見，也有個回鄉可倚靠的地方，或是成為讓大家都想來工作的地方。

──在北海道一個小城鎮的公司，做的事情卻是放眼世界獨一無二的事業，這也會成為地方上的驕傲吧。

窪之內　希望如此。我們的目標不是成為上市公司，而是希望證明世上也有像我們追求的這種價值。

──在對談的過程中我想到，您提到其實擅長銷售和行銷，但似乎在經營上您也樂在其中？

窪之內　實際站在經營者的立場後，雖然能親身體會到起起伏伏，但也懂得經過克服一道道難關之後，能營造出更驚人的效應，而我對此愈來愈得心應手。雖然還有很多人對於用牛尿製造的商品抱著質疑，但我知道情勢會慢慢改變，也預期接下來會愈來愈有趣。

──沒想到從牛隻尿液可以聊得這麼多（笑）。太開心了。非常謝謝！

環境大善的共同研究網　左起：社內研究員加藤勇太、北見工業大學工學部教授小西正朗、社長窪之內誠、Leave a Nest副社長井上淨、Leave a Nest農林水產研究中心所長宮內陽介。

http://store.kankyo-daizen.jp/

地球の健康を見つめる

環境大善

在冬日腳步逐漸接近的某一天，
借用足寄的「勤奮創作者村」作為會場，
有一場生氣蓬勃的自辦宴會！
在足寄，每個人都是專業職人，
只要有超級美食和好酒，大家就是好夥伴。
這次趁機潛入偷窺，
和大家分享這場美味的群聚。

只要有美食，就能呼朋引伴

一片混亂卻好可愛 潛入足寄的家中飲宴!!

Hataraku-Monozukuri-Village

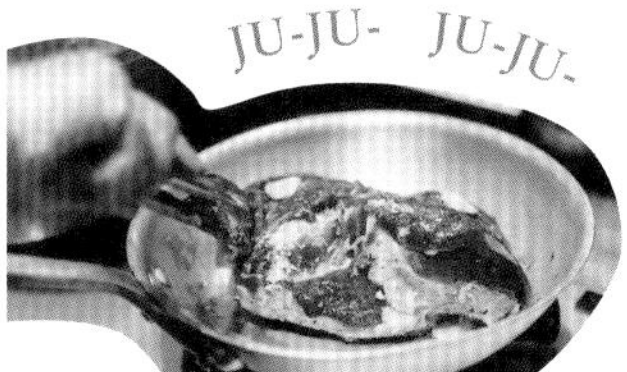

乳酪師傅
現烤乳酪！

還有餐車
送來精釀啤酒！

養羊的人
現烤羊肉！

這塊肉要多少錢？
差不多可以買一台
冰箱吧？（笑）

photo Yuiko Ueno, Chihiro Nazuka /
text Shino Suzuki /
design Satsuki Aosaka

「在足寄，大家經常辦這類家中飲宴哦。」因為聽人家這麼說，在某個變冷的冬天夜晚，我參加了一場家中飲宴。對居住在東京的我來說，不知道已經多久沒在居酒屋之外的場所吃吃喝喝，覺得有點緊張。

到了活動預計開始的晚間六點左右，陸續有人到場。不過，似乎哪裡怪怪的？因為我在旁邊聽到這樣的對話。

「你好，是生面孔吧？你是足寄人嗎？」「呃，對，今天有人邀我來，不過在場都沒有認識的人……」「不要緊，不要緊，來，坐吧。一起喝一杯？」

一群人就算不認識也能聚會，而且馬上聊起來。這地方也太熱情了吧。

此外，還以為餐桌上會擺滿外送餐點或是瓶裝啤酒，結果好像也不是這麼回事。竟然是切一塊獵人打回來的鹿肉，然後用乳酪師傅的手工起司鍋當沾醬搭著吃。然後還有大家簡稱「啤酒巴士」，也就是載著啤酒桶到府服務的餐車開過來。

這場持續到深夜的家中飲宴，與會者自然而然聊起足寄這個地方的種種。在這樣的夜晚，我深刻體會到，啊，在這個小地方，經濟循環竟這麼自然就產生了。

Today's Menu

當天成員各自帶來的菜色

3 石田綿羊牧場的羊肉咖哩

配合石田牧場的羊肉特調出的香料咖哩。裡頭還有大量稀有羊肉，是一道很豪華的咖哩。

2 石田綿羊牧場的綿羊肉

一般來說，綿羊肉會比山羊肉帶有更重的羊臊味，但石田牧場悉心飼養的綿羊肉吃起來沒什麼特殊的臊味。

1 幸福乳酪工房的豪邁烤乳酪

鐵板正中央放上一塊在市場上絕對看不到的超大尺寸乳酪，相當豪邁。融化的乳酪搭著蔬菜一起吃。極盡奢華。

6 Woody bell的漢堡

在冬季多數人選擇在家自辦宴會的道東地區，外帶也很常見。口味絕佳的漢堡肉排，裹上融化的燒烤乳酪……太贊！

5 烤鹿肉

由獵人儀間先生獵捕到的鹿燒烤而成，肉質軟嫩，沒有腥味，能夠充分吃到肉的鮮甜。

4 三町精釀的精釀啤酒

由足寄．陸別．本別，三町合作釀造的精釀啤酒。由於這裡林業興盛，啤酒喝起來還帶有滲入蝦夷山櫻花的香氣。

Today's Menu

交到新朋友

Re:S 藤本先生也來了

新的交流由此誕生

眾人圍繞著美食

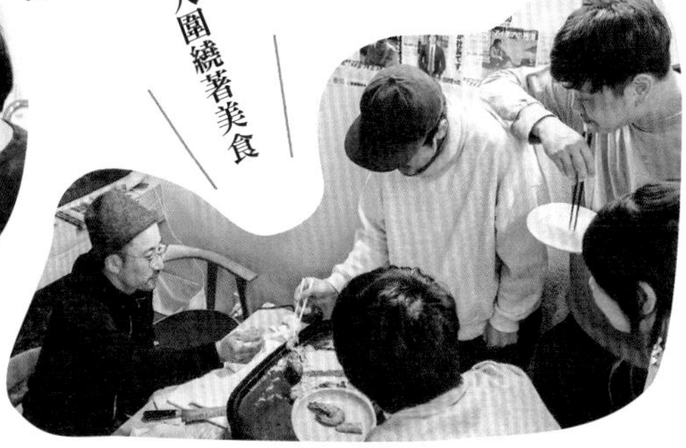

這次亂入的是……

木村祥悟 木村建設

我完全沒有想要振奮人心，高喊什麼「街區再造！振興地方！」這種口號的念頭。只是單純在此地生活，覺得在這裡樂在其中的人自然而然就會聚在一起。來到這裡，沒有使命也沒有責任，想要同樂的人可以任意發揮，不然也可以在一旁遠觀。大概是這樣吧。至於有沒有價值，這就因人而異了。我並沒有打算一輩子都要待在足寄，如果有其他更好的地方我是毫不排斥離開，現在因為喜歡這裡才留下來。這是我的想法。

Q. 在小地方有交流團體代表什麼意義？

儀間雅真 獵人．經營背包客棧

由農民、乳酪師傅、木工到家庭主婦，這種成員來自四面八方的足寄交流會非常具有刺激性，只要大夥兒聚在一起覺得開心，就會有種「自己不能輸！」的感覺，大受鼓舞。這樣的刺激也會產生連鎖反應，有人因此覺得「我也想試試看！」「來吧！」產生衝勁。這樣的交流倒不是什麼感情良好的小團體，而有一種來者不拒、去者不追的默契。我喜歡這種恰到好處又不會摻雜太多情感的關係。

SHOP DATA

勤奮創作者村

地區×移居×地方發展的交流據點。
另外設有短期．長期駐足的住處，專門提供給創作人士。

足寄町南1条4丁目30番地
E-mail : info@hataraku-mono-zukuri.com
http://hataraku-mono-zukuri.com

尋找自我的地方。

在十勝停留7天後心中的印象

PHOTO & TEXT / SHINO SUZUKI
DESIGN / SATSUKI AOSAKA

鈴木詩乃
SHINO SUZUKI

1995年出生。以東京為活動據點，但大概每個月會出遊一次的自由工作者。

忘了已經多久沒像這樣，和他人道別時哭得像個孩子一樣。為什麼？在這個小地方會讓我對「人」有深刻的感動呢？

「在東京住久了，不知不覺就會變得目中無人。」有人曾這麼說。對於從小就在神戶、名古屋、東京各地生活的我來說，在大都會的生活的確舒適自在。正因為這樣，我反倒從來沒想過自我意識這件事。

這次為期七天的旅程，我走訪足寄、帶廣、浦幌、釧路四個地方。在這段期間，很可能是這輩子認識最多人，而且和他們面對面交談的時候。

每天，都會認識新的朋友。一句「幸會」的開場白之後，就介紹起自己。在東京時，說的都是工作上的內容，或是工作的方式，但在這裡就不一樣了。感覺不是在說自己的日常，而是「自己是什麼樣的人」。

很難解釋清楚，不過對方想知道的不是眾多「人類範本」中的自己，而是鈴木詩乃這個人的種種。大概是這樣的心情吧。

沒有人會將我分類，也不會評論。看待這段極其中立培養出的人際關係，似乎一顆心能完全敞開，毫無保留。

我喜歡在東京的生活。無論是急促的腳步聲、吵雜喧鬧，嘴裡雖然嘟噥，卻不討厭。不過，我猜那是因為可以容許自己轉過頭，不去面對自己真正的內心。

東京的好處，就是無論是什麼樣的自己都能生存。可以穿戴上無數修飾自我的盔甲，也可以不自量力扮演崇拜的其他人。在這個城市，能接受這樣的生存方式。

第一次來到冬季的十勝，好寬廣、好自由，無論我是什麼模樣都能包容。然而，這樣的自由和東京或許有些不同。因為，似乎要求沒有虛假的真誠。彷彿大地在發問：「你究竟想要怎樣？」

我喜歡東京的生活，但偶爾也會感到不知所措的煩躁。經常遇到「必須保持某種模樣」的強大壓力，實際上什麼都不是的我承受不了這股壓力，最後對於無處發洩的焦躁感視而不見。

將我從這股焦躁感與過高期望解放出來的，正是十勝這個地方。這裡和印象中「怠惰」、「慢步調」等詞彙完全不同，每個人都帶著活躍感生活著，卻都非常自然，毫不矯作。

人的真誠為何能讓人心動至此？為什麼在這個地方能教人如此深刻感受到「人性」？

事實上，我到現在還沒找出「因為是○○」這般簡潔明瞭的答案。所以，我還會繼續一次次走訪。因為我想，能讓我坦率尋找自我的地方，應該就是十勝吧。

最後一天，當飛機離開丹頂鶴的釧路機場時，我低聲喃喃自語，「還會再來的！」這是一句特別的暗號，只有在我真心打算再訪時才會說出口。

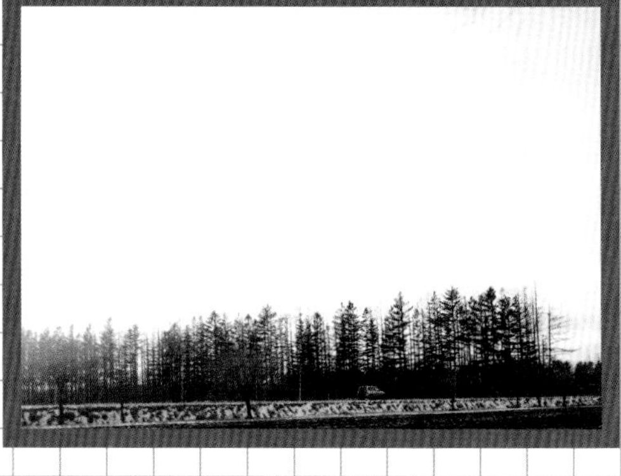

Photo / Chihiro Nazuka Text / Kashiko Sudo Design / Shogo Sato Edit / Kosuke Katano, Yuta Aramizu

佳志子與花咲線

出發站若是回頭一看，也是抵達站。

對我而言，出身地就是我該回歸之處吧。

在連結釧路與根室的花咲線上一路「搖搖晃晃」的遊記。

「故鄉」、「故里」，形容家鄉的詞有很多，但至今沒有一個讓我聽來有特別感覺的。家鄉，原本指的就只是出生、成長的地方，是個中性的名詞，一方面卻似乎與包含身體、記憶在內的自我價值，無法切割。就物理上來說，即使離得多遠，也總是在某方面緊緊相繫。

我從事推廣家鄉釧路市的活動。有不少人支持我做這件事，讓我感到很欣慰。另一方面，我卻始終有個疑問：我是不是真的愛家鄉呢？

「想回釧路。」印象中大概是大學畢業的一年前說出這種話。當時摻雜著「我想回去」和「我得回去」的心情，到處跟人說「畢業後我要回家鄉」。然而，等到真的快畢業時，我突然感到不安，猶豫著真的想回去嗎？回去之後能做什麼呢？不曉得到底該怎麼面對家鄉。

上大學前，我在釧路生活了二十年。認識了很多人，雖然不過二十年，也看著這個地方的變化。不過，或許其實還有很多我不知道，以及從來沒有體驗過的事情。

我突然發現，從來沒有搭過列車遊家鄉。不如搭上花咲線到根室看看吧。自己規劃起了這趟旅程。

踏上旅程

根室本線之中連結釧路站到根室站區間的稱為花咲線。印象中往來釧路與根室的人多半都開車，但這次我刻意搭乘花咲線，而且在途中下車隨興看看，一路朝根室前進。

早上八點抵達釧路站。這些年釧路站也一點一點改變了。站內那間以前每天放學都會繞去看看的舊書攤，現在成了候車室。站內雖然有便利商店，我還是在熟悉的飯糰店買了飯糰，還有看起來超好吃的炸雞。

穿過位於日本最東側的自動驗票口，走向4號月台。停在月台上的列車妝點得很華麗，車體上還寫著「地球探索鐵道花咲線」，讓人更加期待這趟根室之旅了。

在靠窗的位子坐下後，發著呆等候發車。不經意瞥了前方座位一眼，眼光卻被貼在椅背上的布吸引。看來似乎是以道東動物為意象的設計。天鵝露出有點直楞的表情，好可愛。

到了發車時間，列車緩緩起動。其他乘客安靜地滑手機，或是望著窗外。我也大口嚼著早餐的飯糰，同時欣賞窗外景色。萬里無雲的天空，令人心曠神怡。

在厚岸中途下車

出發後經過一小時，列車接近厚岸站。我決定先在這裡下車走走。每次來厚岸幾乎都是開車來，從來沒有好好在街上散步。在厚岸這個地方，隨處都有感覺懷舊的建築物。這裡明明和釧路一樣都是港口城鎮，卻更帶了一股濃濃的鄉愁。

我來到厚岸漁協直營的「A-uroko」，正是為了厚岸產的牡蠣。我買了「丸衛門」、「弁天牡蠣」還有「牡蠣衛門」三種。用店裡的微波爐蒸熟直接吃。撬開牡蠣外殼將肉送到嘴裡，入口瞬間恰到好處的海水鹹香與濃醇牡蠣風味直擊而來。

享用過美味的蒸牡蠣之後，我從店鋪後方的岸壁眺望厚岸大橋。其實，就連喜愛厚岸大橋的我，也是第一次從這個角度欣賞，讓我再次愛上這幅充滿活力的景象。

在返回厚岸站的路上，看著人口減少與產業空洞化愈來愈嚴重的厚岸，莫名聯想到家鄉釧路的現況，有種微妙的感覺。帶著那份略微傷感的心情，我來到「荒川菓子司」，這間店最有名的就是「牡蠣最中」。

其實這是我很喜歡的一款點心。簡單卻份量感十足的「牡蠣最中」撫慰了步行到疲憊的我。此外，受到古樸設計感吸引還拿了「厚岸神樂」這款點心，在麵包區又看到外型細細長長的「長頸鹿」，結果我

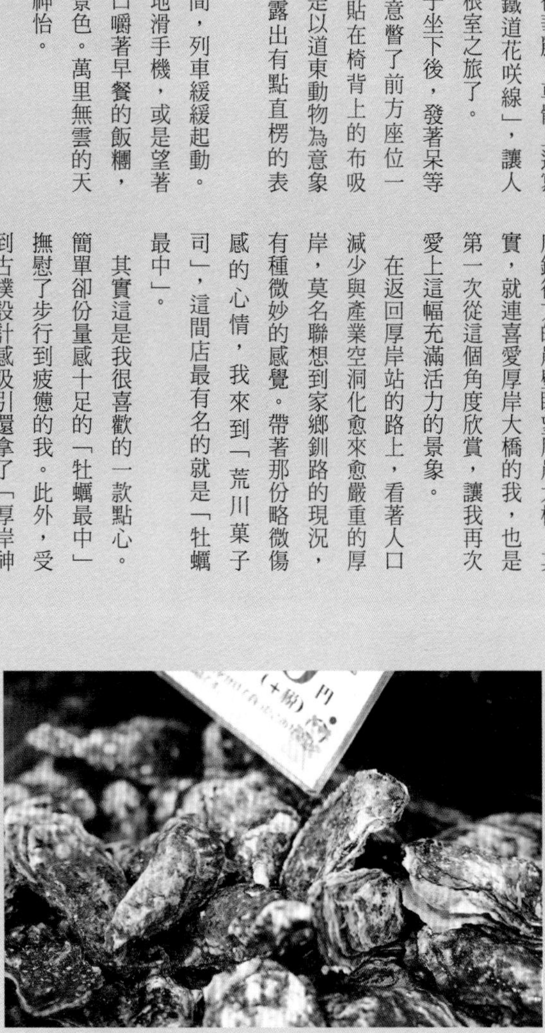

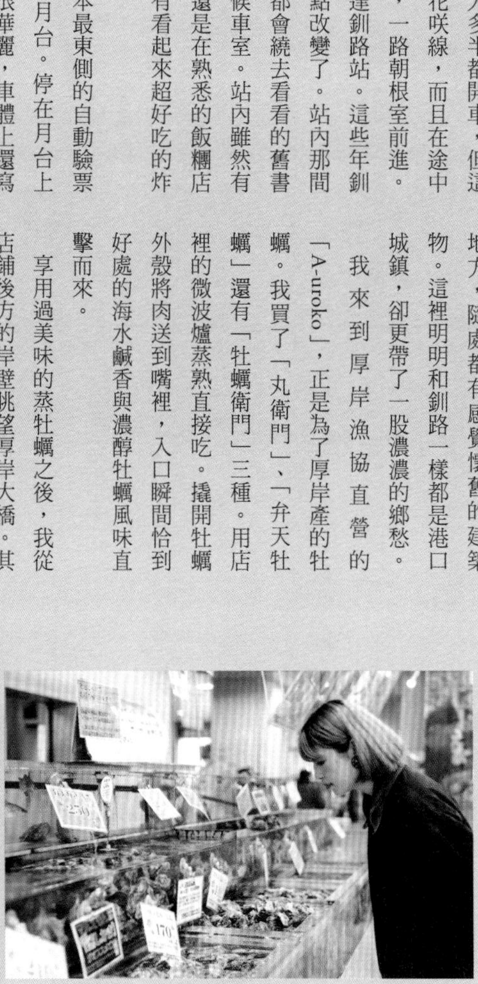

厚岸漁業協同組合直營店「A-uroko」／店鋪資訊見 p.86

就這樣手上大包小包回到厚岸站。

我在候車室裡吃起剛才買的「長頸鹿」，這時，響起了車站站員的廣播。內容聽來好像列車撞上了虎頭海鵰，導致列車將會誤點。撞上蝦夷鹿這個經常聽到，沒想到也會撞上虎頭海鵰啊。帶著莫名其妙的忐忑走上駛進車站的列車，再次朝向根室出發。

車上有幾名學生，大概是剛結束社團活動放學了。相較之下，此刻的列車比我先前搭到厚岸的那班更空。從這裡出發後就前往根室站，中途不再下車。從車窗望出去，看到一群蝦夷鹿朝著平原內陸奔去。

對了，或許有人覺得事到如今提起很奇怪，但其實這趟旅行是我第一次到根室。我想起詢問幾個根室出身的朋友，對家鄉有什麼樣的印象時，大家異口同聲都「嗯……」沉吟了一會兒。雖然抱著奇怪先入為主的印象前往，但我眼中的根室又是什麼模樣呢？

首次接觸到 根室的空氣

從厚岸站出發經過九十分鐘，抵達花咲線的終點，根室站。一走出車站，映入眼簾的就是螃蟹插畫，似乎要宣告這就是花咲蟹的產地。或許拜冬日晴朗天氣之賜，原本那

商店資訊見 p.89

些先入為主的詭異印象消失無蹤，讓我瞬間卸下心防。

根室站前方的「根室市觀光案內所」裡頭，有此地的觀光資訊可參考，也可以購買當地的名產。旁邊的公車總站開出前往市內外各地的多線公車，我搭上了往花咲港方向的公車。

車窗外看到好幾塊寫著要求歸還北方領土的看板。在釧路，當然也會提起北方領土的相關議題，但是在此地眼前的「北方領土」似乎更是莫名寫實。

我在花咲港的公車站下車。褪色的公車站牌大概因為地緣關係，還有俄羅斯文，但我當然看不懂。

在公車站附近發現寫著「全壘打燒」的招牌。想起曾聽人家說，「到了花咲必吃全壘打燒」，決定進去瞧瞧。看著樸實過頭的門面讓我有些提心吊膽，掀開門簾，裡頭立刻傳來柔聲的「歡迎光臨！」坦白說，讓我放下了心中大石。

對了，這間店也賣拉麵。從厚岸出發後什麼都沒吃的我，想都沒想就點了拉麵。回想起來，當時在冷透的身體及空腹感交織下，完全是發自內心的請求，「麻煩給我一碗拉麵！」不過，這麼一來就搞不清楚究竟為何而來，於是也乖乖點了全壘打燒。

或許是店裡暖氣開得很強，感覺有點熱。到處堆放的雜誌、復古民藝品，還有窗簾褪色的程度，都散發出懷舊的感覺。在我等待拉麵（還有全壘打燒）上桌的時候，還有好幾組客人來買全壘打燒。看來這是這一帶很具代表性的點心。

拉麵的配料相當簡單。叉燒肉、筍乾、蔥花，還有一片海苔。細麵條搭配清淡的高湯，跟我吃慣的釧路拉麵有幾分類似。

帶著微微焦香還保留邊邊脆皮的全壘打燒，我也趁熱大快朵頤。在圓滾滾的外型上看到清晰的「全壘打」字樣，不知為何就覺得開心，應該不是只有我才這樣吧？當然，麵皮和紅豆餡的搭配也確實美味。

很好奇全壘打燒是怎麼來的，於是詢問店家。據說以前也做過香蕉等其他外型，但這款全壘打最受歡迎，而且也最好做。

現在的老闆是第二代，他說前一任，也就是他父親是在大概五十年前開了這間店。

「我從爸爸手上接下店，差不多三十五年，口味都保持不變唷。」

這裡的顧客多半是漁夫或漁港的工作人員，有這樣能方便填肚子的拉麵和全壘打燒，他們一定都很開心吧。

車石與夏樹

離開「全壘打燒 板橋」之後，我的目的地是「車石海岸」。聽說那裡有國家指定天然記念物的車石。步行過去還會穿過「花咲港金比羅神社」，這條路線看來不錯，還可以順路去參拜。

要走一段好長好長的階梯才會到神社園內。腳下不斷受到結凍的雪阻礙，一步一步往前走。爬到最高處一轉頭，可以眺望到花咲港全景。船隻緩緩進港的景致，真是撫慰人心。

穿過正殿之後繼續前進。視線範圍中海的比例逐漸擴大，不知不覺，目光所及已經全是大海。

來到海角時四周都是海水，突然害怕了起來。雖然很期待再往前走的景致，同時雙腳微微顫抖，就在這莫名其妙的心情下，一步步往前。瞥見小小的紅色花咲燈塔，穿過步道，走上凹凸不平的一段路，來到車石海岸。在四周強大的海浪聲包圍下，我感到似乎有股莫名的寒氣襲來。

車石海岸，是由外型宛如車輪的岩石也就是車石構成的海岸，據說是在六千萬年前的岩漿作用後形成。想到從此地還沒有名字的年代，車石就一直在這裡，著實讓我感到震撼。

一轉過頭，是一片望眼無邊的冬日海洋。海浪拍打著岩石的低沉聲響，直鑽進我心底。背後是一整群感覺詭異的車石。好想摀住耳朵，別過目光。望著望著，就湧上一股

不安的情緒。或許，面對著這幾千年、幾萬年來一直在這裡的偉大自然，對照之下讓我發現自己的存在有多渺小。

夕陽漸漸西沉。映射在海面上的黃澄澄帶來溫暖，稍微緩和我內心的不安。

根室的街頭開始亮起燈來。今晚，我和另一位女性有約，就此踏上夜晚的街道。

「我本來以為再也不會回到根室了。」

我約的這位女性，是出身根室市的井口舞子。高中畢業之前她都住在根室，之後進了在東京的大學就讀。畢業之後進入社會，也在東京展開新生活，但後來經過一番曲折最後又回到根室。

然而，過去我曾輾轉聽別人說過，舞子曾撂下狠話：「我再也不會回去根室！」因為太想和說過這種話的人聊一聊，於是今天和她約了碰面。

我和舞子約在根室一間新開的居酒屋「根室Base」。坐在氣氛不錯的吧台位子，聽她說起她的故事。

舞子告訴我，在高中畢業之前的生活，也就是第一段根室時期，她在學校算是有點突出的人物。

她從唸中學時開始補習，也因為這樣愛上唸書，從中學到高中，她全副精神都放在學業上。

然而，當年在根室上補習班似乎會讓人有種與眾不同的感覺。在這股氣氛中專心用功的她考上了東京的大學。她說，那時候她一心一意就是想離開根室。

大學畢業後進入升學補習班工作。面對認真準備大考的學生，就像過去的自己。這樣一天過一天。

後來，人生經過結婚、生產的階段，還從東京搬到北關東的某個地方，但這時她發現這塊土地並不適合自己。從沒想過要回根室的她，因為這件事情決定搬回根室。

回顧當時無法想像自己回到根室會怎麼樣，但她說，朋友隨口告訴她：「我覺得啊，妳其實是有心想

根室Base／店家資訊見p.91

對根室有什麼貢獻吧。」因為這句話，讓她抱著夢想與希望，而不是心不甘情不願地回來。

一開始也說過，但和舞子交談時，我對於是「想回去」還是「得回去」家鄉，這兩種感覺又摻雜在一起，整個人墜入五里霧中。字面上看起來沒什麼了不起，但當時對我來說，「回去」這個決定可是非常積極的感覺，我開始好奇當時的背景。

一問之下，才知道她腦子裡經常會有「死」這個念頭。至於理由她沒有多說，但似乎過去在她的概念裡一直都有「不知道什麼時候會死」的想法。這種可以說是生死觀的人生哲學，或許造就她現在「有想法就立刻行動」的特質。

「我在想，就算再怎麼反抗、吵架吵得再兇，最後能讓人安心回去地方就叫故鄉。」舞子這麼說。這句話，讓此刻的我如同醍醐灌頂。

她最後得到的結論是，就算自己有多虛弱、多疲憊，能無條件百分之百包容她的就是根室。同時，她也開始願意去接納根室，無論是她喜歡或討厭的部分。

我和釧路的關係，接下來會怎麼樣呢？在她決定要回到根室時，她認為自己需要夢想、希望，以及正向的心情。

此外，她在大學時認識了其他大都市出身的同學時，發現其實自己有非常多選擇，但同時也思考，或許過去自己從來沒把根室列入選項。

「能夠選擇發展方向、興趣與想法，是一件很富足的事啊。」

知道根室的孩子能有各式各樣的選項，有著實際上能夠選擇的未來，這成了她的夢想，接下來靠自己的雙手開創出她人生中第二段根室時期。

這時候的我，其實還不清楚是否能夠百分之百接納自己，接納釧路。

走訪根室的懷舊風情

第二天，我揉著有點腫的眼皮，用冰涼的水洗臉。走出旅館就看到一片晴空。

今天決定從早就在感到莫名懷舊的根室街區走走。

第一間來到據說是根室市民都很喜歡的點心店「甘太郎」。好可愛的店名。除了招牌的「甘太郎」（就是大判燒），還有像是肉包等其他品項。

因為剛開門營業不久，可以看到甘太郎陸續出爐的模樣。這副景象我可以一直看都看不膩。我點了火腿美乃滋口味。大片火腿裹著濃郁的美乃滋，鹹度恰到好處。吃一個當早餐，剛剛好。不過，光吃一個好像不太過癮，我還是多買了幾顆外帶。像我這樣買了外帶的客人還不少，想到昨天的全壘打燒也是，看來這種簡單小點心的文化在根室已經根深蒂固。

吃完「甘太郎」填了肚子之後，再次踏上旅程。回頭往根室站方向走。就這個時期來說似乎有些溫

暖，雪已經開始融了。

接著我來到懷舊招牌特別醒目的「喫茶新蒙布朗」。這是間老字號中的老字號，最有名的就是來根室必吃的炸豬排飯。

假裝吃了招牌菜色炸豬排飯，但其實我點的是冰淇淋蘇打。

完美的白、紅、綠三色漸層，緊緊抓住了我的心，這趟旅程中情緒來到最高點，忍不住在心裡吶喊：

「這個！就是這個！」

根室街道散步也差不多該告一段落。在冰淇淋蘇打餘韻纏繞之中，我走出店家。

旅程的尾聲

搭上回程的花咲線，搖搖晃晃抵達釧路時，太陽已經下山了。穿過橙黃街燈亮起的北大通，走過幣舞橋。我決定最後一段旅程就用熟悉的釧路味道來作結。掀起「幣舞東家」的門簾，走進店裡，一股溫暖的氣氛讓旅程的疲勞頓時盡消。

我點了最喜歡的「無量壽」蕎麥麵和「無麵雞肉湯」。這兩道在其他地方應該都很少看到。

吸一口散發麻油香氣的無量壽，再來點宛如雞湯化身的無麵雞肉湯，整個身體都暖起來。在依舊寒冷的這個時期，有這些釧路味撫慰旅行歸來的我，覺得好開心。

為什麼我對釧路如此執著？這兩天，我到處走的時候不斷思索。有離鄉背井生活的人，同時也有在故鄉生活的人，但現在的我是哪一種？對於在釧路生活感到放心的我，懷著不安的我；對故鄉熱愛的我，厭惡的我，無論是哪一種？此刻的我還擺盪不定。

看一下手機，發現舞子傳來訊息，我邊看邊回想起與她的談話。

「現在的我，喜歡根室。」

最後，她下了這樣的結論。

「啊，不過搞不好下個月我又想到其他地方去看看了。」

自己內心搖擺不定時覺得很難過。那是因為很容易會聯想到自己沒有任何容身之處。然而，在這趟面對自我的旅程結束時，我發現總算能夠接受這個搖擺不定的自己了。甚至心想，現在這樣也無妨。

明天的我，又會用什麼樣的心情看待故鄉呢？

希望我慢慢一步步往前走，直到終有一天能以毫不虛假的真摯心情來看待釧路，以及面對釧路的自己。

PROFILE

須藤佳志子

出生於釧路市。2015年仍就讀釧路高專時，就參與釧路市的市民團體「庫司路」。目前於公立函館未來大學專攻資訊設計，同時參與介紹當地資訊與周邊商品製作，另外也撰寫當地新聞。對偶像十分熱衷。

釧路相傳的10個小道消息

It's my 946

by 庫司路

這次由我們以釧路為活動據點的「庫司路」來介紹釧路大小事。
雖然是以獨斷與偏見製作這個專題，但我們認為絕對錯不了。
從另一個角度看事物，就會發現不同的價值，釧路是個奇妙的天地！
就算沒有錢，也能盡情享樂其中。

＊946 為庫司路的諧音。

滑冰是國手等級

在校園裡出現自製滑冰場，中小學生在場上飛奔舞動，這是滑冰王國釧路每年冬天的景致。因為實力太強，偶爾會在冰上曲棍球全國大賽的決勝場中看到同是釧路學校對決的畫面，讓人一時搞不清是地方賽還全國賽。

現在幾點？

多年來成為釧路市中心象徵的花鐘，就坐鎮在「幣舞公園」恰到好處的陡坡上。
搜尋一下，發現這是設置在日本最大斜度坡面上的花鐘。

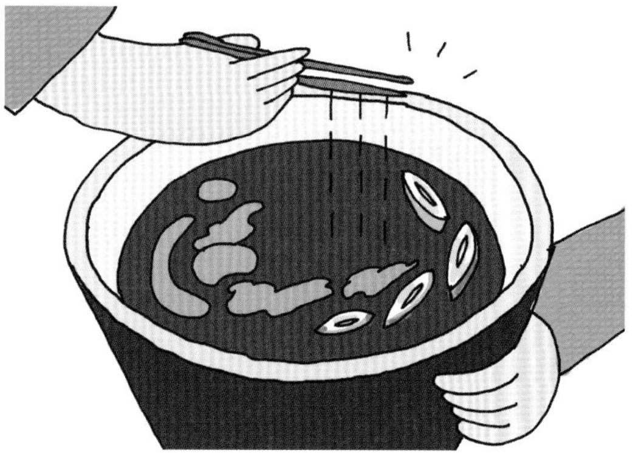

主角缺席

釧路人經常到了蕎麥麵店會點「涼麵」和「無麵雞肉湯」。前面沒能好好說明，「無麵雞肉湯」是對應原本的「雞肉湯蕎麥麵」，這款不加麵，而是在熱蕎麥麵湯裡加入大量雞肉。

怎麼拉也拉不開

街上有好幾道想拉開的鐵門，但就是怎麼拉也拉不開。連釧路第一的肌肉男也挑戰失敗，可能得換創意人上場了。有沒有挑戰者？

庫司路的成員

小優：比任何人都深愛著庫司路的氣魄大姐。

七海：可能是庫司路裡最認真的人，興趣也最廣泛。眾人的心靈導師。

佳志子：率先去做大家都沒發現到的事。非常聰明。

康介：擅長幫大家收尾，能將四處分散的事物歸納好，圓滿整合。

千尋：設計師兼旅社經營者。庫司路的點子王。

小惠：擅長衝刺與插畫的拉麵店次女。庫司路創辦人。

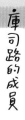

什麼都能引起戰火

「竟然幫她塗了奶油、淋醬油，我什麼都沒有，太過份了！」品嚐發源自釧路的爐端燒時，請想像海螺和干貝之間引發的熱烈戰火。

不是庫希

大家好，我是小MOO。走在路上經常有人會誤以為我是屈斜路湖裡的水怪庫希。
昨天在幣舞橋附近也有人跟我要簽名，一氣之下我就亂簽個「庫希」敷衍了事。

宛如疏林草原

釧路濕原號稱日本最大濕地，範圍比東京23區還大。我知道有個人曾在能眺望釧路濕原的細岡展望台上大放厥詞：「這簡直就像肯亞的疏林草原！」

……搞定

不知道是誰決定的，但據說釧路的夕陽名列「全球三大夕陽」之一。無論表白、求婚或是撫慰失戀後的心都很有用，但好像偶爾也會有讓人感傷的副作用。

丹頂鶴優先

據說可能是與釧路有淵源的詩人石川啄木留下的一段短歌。
「於丹頂鶴通行時超越、阻擾，乃釧路人之大忌。」
＊汽車、電車也皆須禮讓丹頂鶴優先。

霧雨＜海霧＜小雨

霧城釧路的大小事。在釧路會把濃霧稱為「海霧」，而釧路人在「海霧」這種程度的雨都不太撐傘。
只是通常到家時還是會全身濕淋淋。

接下來介紹庫司路這個組織

哈囉！我們是庫司路！！

這裡介紹一部分庫司路亦發布的新聞消息。
如果能獲得你的喜愛，說不定還能商品化唷！
但我們想住在釧路。而且如果有愈來愈多人想在這裡開心生活就更棒了。
為了將家鄉打造成能夠快樂居住的地方，
我們偶爾會認真探討，偶爾有不開心的事就戲謔看待，
希望打造更歡樂的未來。這是我們的真心話。

開辦與「人」相遇之旅

開辦2天1夜遇見魅力人物的行程！
參加這種迷你精緻的行程，一定可以和庫司路的成員混熟！
目前仍不定期舉辦。

2016-2017 免費刊物《遇見「人」帖》創刊

雖然也經營網站，但對紙本仍舊情有獨鍾……！拋不下這份心情，免費紙本刊物終於創刊！
不定期出刊，共11期，持續至2018年3月。

2013 庫司路起源

從外地返鄉回到釧路的小惠，與在東京工作的千尋是高中同學。第一次兩人去喝酒時，提到「想為釧路做些貢獻！」非常起勁，聊到大半夜。這就是庫司路的起源。

2018 庫司路暫停活動

剛成立時還是一般上班族的成員們，
現在有的換工作，有人自立門戶等等，
各自有重大變動。
大家決定先暫停庫司路的活動，以各自的工作為優先。5年來勇往直前衝衝衝，這段時間剛好是個好機會，重新思考過去及未來的發展。

2015 嘗試舉辦活動

為了能一次見到眾多充滿魅力的人物，舉辦過3次大型活動，而且還滿熱鬧的。卻也感覺身心俱疲。從這次的經驗了解到，本組織不適合籌辦多人數的大型活動，大家說好往後要縮小規模。

2014 網站「庫司路港」啟用！

網站「庫司路港」開站！
介紹釧路在地具有魅力的人群。此外，開辦過四次工作營，內容是思考關於在釧路居住的民眾與街區，總計有超過200人次參加。

2019 搞笑鑰匙圈發售！

經過1年休息，重新出發！
挑戰之前就有興趣的商品開發，並且以群眾募資籌措經費。在獲得廣大支持下，現在共有6款鑰匙圈發售。（鑰匙圈相關內容見p.87！）

舉辦工作營

2020年は

一切虛擬 庫司路市

「庫司路市」是一個和北海道釧路市很相似的虛擬都市。往後庫司路的所有業務都會在這個庫司路市進行。質疑或不爽庫司路市所發出的資訊是可笑的，因為這一切都是虛擬。

永遠不西沉 世界三大毛巾

因為夕陽出名，於是設計成毛巾。有人像這樣拉開放在頭後面，讓夕陽想沉也沉不下去。

庫司路市民證 STATION DINER946棒球帽

只要成為庫司路市民，人人都能得到庫司路車站象徵「STATION DINER 946」圖案的棒球帽。

在薄岸 維納斯誕生

在以維納斯誕生舞台而聞名的薄岸，運氣好的話，找到從牡蠣裡現身的維納斯，就能實現你的願望。

一戶有一個 花時鐘

在花時鐘鬧鈴下醒來的早晨，滿腦子都開花。據說庫司路市民有很多妄想族，大概是因為花時鐘害的。

松老園的有量壽

蕎麥麵店松老園店內的「有量壽」，是在冷蕎麥麵上淋大量麻油，再加幾滴沾麵醬後拌勻吃。

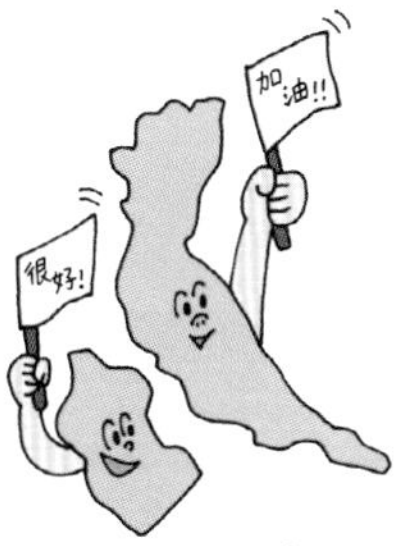

人人都能一秒變裝的 臺草假髮

以模仿庫司路濕原茂密薹草外型的薹草假髮，一戴上就很適合拍照上傳社群網站。

不是幻影 酥炸庫希

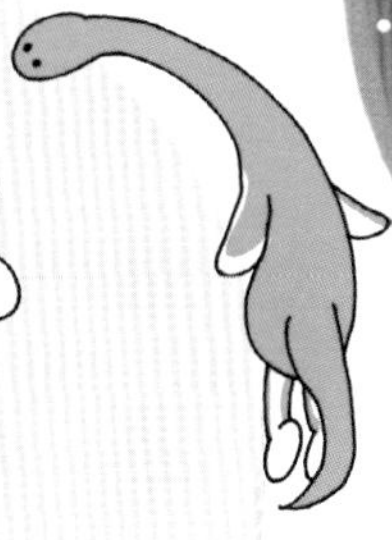

在庫司路市的湖區，庫希養殖業非常興盛。將庫希炸得香脆的酥炸庫希很受歡迎，要不要來一口？

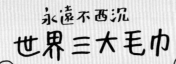

從書籍誕生的社群

釧路商家座談會

Text / Yuuna Kochi, Tatsuya Shimizu
Photo / Yuiko Ueno
Design / Shogo Sato

與談人

我經營咖啡館和書店！

豐川大輔

1973年出生於釧路市。釧路市北大通「喫茶Largo」（已停業）店主。身為家中長男，父親開設二手書專門店「豐文堂書店」。目前也一同打理位於白金町的「豐文堂書店唱片部」。

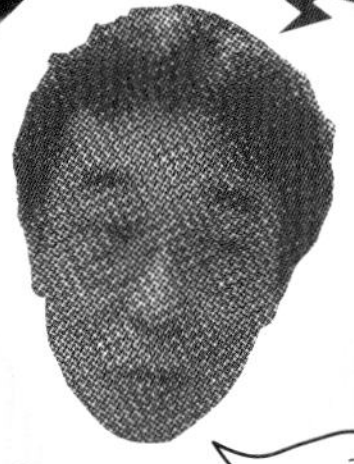

與談人

我是開書店的。

岸本 真希人

1964年出生於釧路市。為位於釧路市美原的「鈴屋書店美原鈴屋讀書館」店主。生來就是為了繼承這間書店。曾經一度離開釧路，具備服飾業經歷，曾赴美留學。

Book × Community

聽到「釧路」，大家會想像到什麼？釧路濕原？丹頂鶴？幣舞橋？
其實釧路是個商店城，有非常多充滿魅力的個人小店，
但隨著人口減少、高齡化等影響，店家數量也逐漸變少。
在這種情況下仍持續經營的理由是什麼？有什麼吸引力？再說真有需求嗎？
這次就以「書本」為號召，找來在這個地方的四位關鍵人物，
請他們暢所欲言，來一場不負責對談來聊聊這些疑問。

引言人

我是免費刊物編輯。

清水達也

1982年出生於釧路市。成立了北海道釧路當地的自媒體「FIELD NOTE」，並擔任編輯，介紹只有在釧路才有的店家／事物／人物等，進行紮根地方的活動。

Nyaaaa...

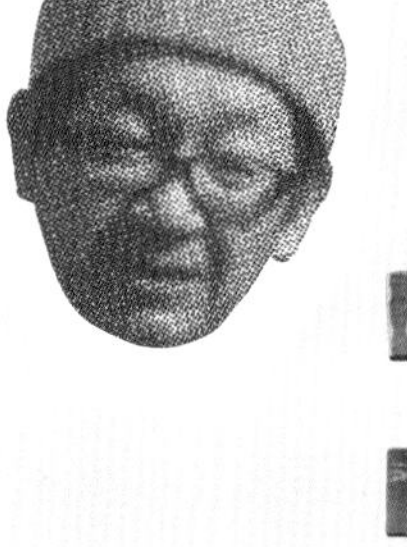

與談人

我賣咖哩！

鎗田武志

1966年出生於靜內町。釧路市富士見的「一軒家 咖哩 古民」店主。過去曾在販售書籍與生活雜貨的店家工作，因為調職曾在釧路居住過2年。雖然曾一度離開，在2014年再次回到釧路，開了現在的咖哩餐廳。

Curry
Coffee
Music
Books

清水　會讀這本導覽的讀者年齡層，我猜在他們的生活中多半都是把網路視為理所當然的吧。

另一方面，在網路普及前，前一個世代的人，他們的生活中則是把店家當作一個節點，建立交流或產生關係，重點不僅僅在於完成一項任務，同時也買到一段充實的時間。應該是這樣吧。今天想就這個內容請大家聊聊。先請岸本先生。

書店只是買書的地方嗎？

岸本　我家的書店我是第二代店主，從小似乎就有一種使命感，知道「將來我要成為書店老闆」。因此書店在我心中有一定的地位，是我的家，也是做生意的地方。我到東京唸大學，畢業之後本來想進入大型經銷商[1]或是大型書店工作，為日後鋪路。

不過，當時我去了很喜歡的服飾店，對方問我：「將來要不要走服飾業這行啊？」我聽了很開心。對呀！既然最後終究要接下書店，在那之前不如就在自己喜歡的服飾店工作吧。

清水　原來有這麼一段時期啊。

岸本　那間店在代官山。後來是我父親裝病：「你也差不多該回來接手了。」

鎗田　常見的招數嘛（笑）。

岸本　我知道他大概有一半想試探我，總之，我先辭掉服裝店的工作，說「我想去一趟美國。」我一開始住在舊金山，發現美國的書店大致分成兩類，一類是超大規模、國際連鎖的那種，另一種就是在地方上很小卻很有特色的。而且，小店會非常努力設法展現出自己的個性。看到那些書店老闆神采奕奕的模樣，讓我覺得「哇，這好有趣。」後來我就回來釧路了。

清水　其中有印象深刻的店嗎？

岸本　當時我住的地方，車站前有一間滿大的書店。去到那裡就會有人跟你聊很多。比方，我說「我在大學是唸這方面的。」一開始我心想，跟老闆聊MBA[2]的課程內容也講不通吧。結果，那個老伯不簡單耶（笑）。他說「哦，我以前唸哈佛唷。」

眾人　哇～。

岸本　「借我看看。」我把作業拿給他看，他馬上拿了一本書說：「這本拿去參考就行了。」真的就是我需要的內容！我心想，原來這就是真正的書店老闆！

清水　感覺有很濃的人情味和人格特色。

岸本　日本的書店都非常安靜吧？甚至有人覺得太吵還會惹人厭。但這種觀念大錯特錯啊！圖書館也是，釧路已經算是相對現代化了，但使用者還是得輕聲細語，大家彬彬有禮的模樣。反觀美國的圖書館，吵得要命啊。想說是怎麼回事，原來一群人七嘴八舌講個不停。在那裡，圖書館是由圖書館員和使用者的互動而成立。跟在日本使用者面對一大排書靜靜挑選的文化截然不同。

清水　哇～完全相反耶。

岸本　事實上，想解決自己的問題就必須像這樣溝通才對吧？我認為，這種方式就象徵了美國的自由精神。

清水　這很有啟發性。不只是了一樁事，而是彼此都表達出想法，由此產生互動、關聯。然後像遇到哈佛老闆一樣，告訴對方需要的資訊。這正是我們現在缺少的。

岸本　因為大家都不問店員呀。覺得自己滑手機搜尋就好。的確，能夠自行解決問題很了不起，但如果能多和有知識的人交流，然後有個能分享的社群之類，這樣不是更有趣嗎？這是我的想法。

因為名護女子誕生的未來

清水　接下來是大輔先生。你曾經一度離開釧路嗎？

豐川　高中畢業之後到神奈川縣的鐵工廠工作。鄉下地方常有的狀況嘛，年輕時想早早離開釧路，所以就離開了。加上我又愛旅行，也希望可以到很多地方居住。我從早到晚都在工廠工作，然後在那邊，有個偶然的機會去聽了現場演唱，突然就莫名其妙想做跟音樂有關的工作。

清水　是什麼樣偶然的機會？

豐川　我去沖繩旅行時，住在名護一間類似民宿的地方，在那裡認識一個女生跟我說：「Soul Flower（Union）很不錯吧。」我根本沒聽過，查了一下發現他們在東京辦演唱會。我甚至想，去了搞不好還會遇到那個女生。

鎗田　太棒啦！我就是想聽這種！（笑）終於等到了！

豐川　結果，我就去啦，沒想到大受衝擊。

清水　追女生已經不重要了。

豐川　呃，女生完全不理我啦。

眾人　（笑）

豐川　很想把這樣的經驗帶回釧路，開始思考能做些什麼事，後來想到咖啡館。因為想玩自己喜歡的音樂。

岸本　把咖啡館當作辦演唱會的途徑啊。

豐川　對。後來在我思考回到釧路要做什麼時，我父親在二〇〇四年左右開了北大通店。二樓還是倉庫狀態沒人用，我就自做主張想不如在這裡開咖啡館……。

豐川　就這樣開了十四年，直到去年我父親病倒，店裡大量的書不知該怎麼處理，丟著不管也很可惜，所以去年夏天我也開始經營書店。接下來不知道會怎樣，但嘗試之下覺得還挺有意思。

鎗田　這就是命運的安排吧？

清水　總之當年聽到那個音樂的衝擊很大吧，那時的經驗，該說啟蒙嗎……那個名護女子（笑）。

豐川　但想想如果沒有那次的經驗，也不確定會不會愛上音樂，

1：將出版社發行的書籍批發銷售到書店的通路商。
2：MBA：工商管理碩士的簡稱。

可能也不會在釧路開咖啡館吧。

岸本 經營二手書店有什麼開心的事呢？

豐川 怎麼說呢，可能是一種很舒服的感覺吧。書店都會散發出一種獨特的氣味吧？大概是紙張的氣味？那種感覺會讓人心情很放鬆，好像吸收了書本一樣。

岸本 這太享受了吧。但現在從生意的角度來說，很多人已經轉到網路上賣書了吧？

豐川 是啊。所以書籍的價格也降低，根本賺不了錢。但問我為什麼還要幹這一行，一方面到了這個年紀也沒辦法做其他事，又當不了上班族，應該說我也沒那個意願啦。說到底，這份工作實在太有趣了。還有我們店裡很多鄉土史的書籍，就算只是釧路也有很多我過去完全不曉得的事情。

岸本 釧路因為有很多製紙廠的關係，有不少東京或都會區的知識階級家庭會移居到這裡。此外，在煤礦開採這種三班制的職場，有相當程度的人都很愛書店。拜這些人之賜，有一段時期還有類似讀書會的組織。在釧路的歷史上，曾有一段時期是由書本來滿足人們的娛樂。也因為這樣，很多書都跟煤炭礦坑有關。

豐川 釧路的產業現在已大幅衰退，但過去有一段興盛時期。現在還能感受得到。

岸本 還是會留下什麼的。

改變「釧路？啊……」這個想法的相遇

清水 接下來是鎗田先生，其實我們算老交情了。

鎗田 對啊，我第一次來到釧路是二〇〇三年。那時候我在一間互動式書店工作，因為調職來到釧路。但坦白說，一開始聽到要去釧路，心情很差啊。

鎗田 真的是流放啊，貶、職。有種「啊……完了」的感覺。而且還是單身赴任。簡直糟透了，結果我每個月都會回去札幌。店裡有個打工的男生，很有才華……很有才華但出勤狀況非常差。那人還是達也小時候的朋友。

清水 哈哈哈（笑）。

鎗田 後來我就跟他混熟了。我們都很愛音樂，還當DJ，有共同的話題。那位打工小弟告訴我釧路很多有趣的人、事、地。他經常跟我說：「不要那麼彆扭啦，可以去這裡，還有那裡呀。」然後每次我到一間店，店裡的人又會問我：「你去過那個地方嗎？很不錯唷。」就這樣，世界一點一點拓展，我才發現：「哇！釧路這很棒嘛。」這讓我大受衝擊，真的遇到了好多人，大家也很歡迎我。最後，我工作的書店倒閉，我要回去札幌時心想，「一定還要再回來。」

清水 我覺得像鎗田先生這樣的人，對釧路來說很有意義耶。從外地來的人，和這個地方有了連結，然後加入當地的我們。在地方上有個能客觀看待的人，感覺又會產生另一股不同的連結。

豐川 我能不能像鎗田先生也有第二故鄉呢？除了釧路之外。

鎗田 可能有啊。若出現像名護女子那樣的人，說不定就會想去了（笑）。

清水 誰都不知道會怎麼樣呀。

鎗田 現在很喜歡這樣的生活，不過，凡事都沒有絕對，不要把話說死。因為這樣會限縮自己，也會讓別人喘不過氣。就保持「這樣又何妨？」的態度最好。

與談者三人的共通點

清水 前面聊了這麼多，想想無論是哈佛畢業的書店老闆，或是名護女子，總之在人生路上出現轉折的故事中，似乎總會有這類「人與人的相識」帶來的衝擊，或是因為認識了一些人而受到刺激。我覺得正因為處於類似暫時離線的狀態，才會更感受到這樣的衝擊。各位有什麼想法？

岸本 換句話說，可能就是現在常用的數位或類比的說法，其實人與人的相遇，全部都是偶然。怎麼說呢，偶然認識的夥伴愈來愈多，我覺得很開心。話說回來，這跟在網路世界透過社群網站認識人可能又不太一樣。像我中午到鎗田先生的店裡，隨便聊天也覺得很愉快。我想，比起有明確目標而行動，更樂於偶然在某個地方巧遇，然後聊起來。這算是我們三人的共同點吧。

豐川 我想我們只是喜歡做些無謂的事情。

鎗田 我應該是一半一半吧。我喜歡的店就會一直去，而且不只在道東，其他地方也是。例如會因為讀了一本書去見陌生人。

留白的地區

鎗田 我太太是土生土長的札幌人，在來這裡之前，她從來沒踏出過札幌。

清水 哇～。

鎗田 現在要是去札待過個兩天左右，她就會抱怨「好累哦，想早點回釧路。」雖然我也很愛釧路，但要是特別問「釧路到底好在哪裡？」太太和我關心的地方完全不同。例如搭JR從札幌回釧路時，她一定會選右側位子。問她「為什麼？」她的理由是「這樣過了浦幌之後，從白糠一帶就能一直看到海。」還說左邊座位只會看到一片森林很無聊。開車的話，每次一過帶廣附近她心情就好起來。

岸本 愈到釧路心情愈好？

鎗田 對呀。問她為什麼，她說是因為少了樹木的壓迫感。包括樹木的高度、樹枝長的位置啦還有樹幹有多粗，一切的一切。來到釧路之後發現樹木比較細瘦，

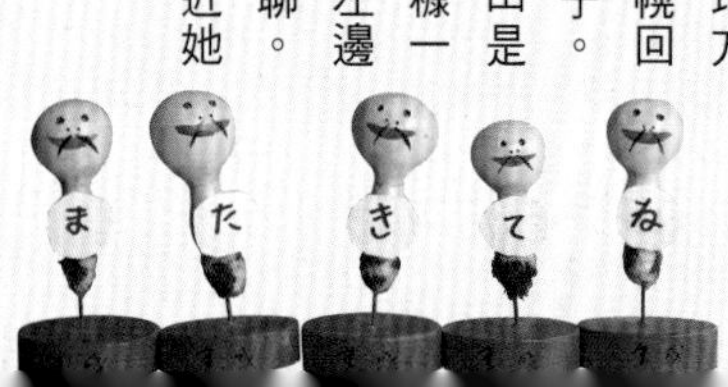

LOCAL

又比較矮，加上沒有山地。動不動會說，你看！這風景！多壯觀！之類（笑）。太喜歡了。

清水 原來如此～好有趣。那塊留白的地區，那種大規模的震撼，像是釧路濕原之類，道東的內陸原來會讓人有這種感覺啊……。

岸本 那一帶以前都是海。

清水 包括景色在內，那片地區大尺度的留白果然很有吸引力耶。

鎗田 留白。確實就是一個有留白的地方。難怪像我這種外來的人也願意接納。

清水 不是因為包容力嗎……

鎗田 是因為留白。

清水 有一次到東京時想到，房子跟房子間的距離好近哦。一打開窗就看到隔壁人家，感覺好擠。可是，雖然人那麼多，但為什麼……不怎麼交談耶。人與人之間好像有一段溫差。明明有好多人卻感覺不太到溫度。覺得好奇妙。

岸本 在一群人之中愈感覺孤獨吧。

清水 啊～可能是哦。

岸本 嗯。要是真的只有一個人，不太感受得到孤獨吧。但一到大都市就會覺得很孤單落寞，大概就是這個道理。

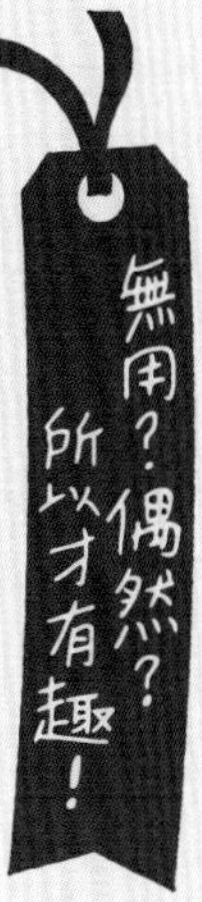
無用？偶然？
所以才有趣！

鎗田 我覺得真希人現在的經營模式超先進。這個人啊，根本是釧路書店界的Uber Eats。

清水 對耶。接受顧客訂書然後直接配送。

岸本 不是Uber Eats，只是小雜貨店啦。嗯……我想當個真正服務到位的人吧。畢竟工作最大的喜悅就是能為他人帶來貢獻。其實大家都有類似的想法啦。比方在演唱會結束時聽到觀眾說「今天超開心！」就會受到鼓舞，想下次再辦一場之類。

豐川 那當然。

岸本 聽到顧客說「今天的咖哩也一樣好吃～」時，一定會喜歡上這種人吧。

鎗田 沒錯沒錯。

岸本 對成功人士來說，賺錢固然可能是件開心的事，但我認為自營業者最大的喜悅還是來自隨時和顧客有良好溝通互動，進而建立起彼此尊重的關係。大大小小生意之中，大家很常只看到所謂性價比，就深受美國風格影響的日本商業手法來看，或許光以合理化與收益性來判斷，但應該不只這樣吧……應該還有其他像是人情義理需要考量，可能是我們這個年代的人才這麼想吧。但是我想，一個不單以合理化、經濟上來做為標準的世界，除此之外還有其他考量的世界，應該會更美好吧。

清水 同意。這部分就像前面講到的留白，其實都是不划算，但整體看下來，就能理解在釧路這裡，小生意容易生存，而且也是個眾人容易產生連結的地方。

鎗田 我移居到這裡之後，我父親只來過釧路一次。他很愛讀書，我就帶他到車站後方的豐文堂。我爸拿了一本書到櫃臺，沒想到阿大的父親跟他聊起來，「這是一本好書呀！您該不會年輕時也參加過學生運動吧？」然後我爸回他：「有啊！」結果兩人聊起全共鬥，一發不可收拾（笑）。

鎗田 造訪過種的書店，還有遇見阿大的父親，這些至今都還在我父親的記憶中。

清水 我也是，在二十歲左右時會在車站後面的豐文堂找唱片，拿去結帳時豐川先生會說：「哇！你挖到寶了。」然後聊起來，久而久之就記得我的長相。要說只有這點小事也的確沒什麼，但我覺得有這樣的地方就感覺很富足。

岸本 地方都市如果有了這類有趣的店家，就算沒有大型書店或網購……

豐川 也能生存？

岸本 這種地方就會有潛力吧。像我們這種迷你實體店家，包括出版的免費刊物，我相信是絕無僅有的。如果只是比效率，絕對敵不過大型店鋪。

清水 對呀。

鎗田 降低成本也是。所以才說不能只憑這一套標準。

清水 最近我常感覺到，時代好像在倒退。現在凡事都愈來愈聰明，好像少了很多用腦的機會。一旦搜尋，就會出現一個大概的答案，就算不是全部，也會先有個基本內容，然後話題從這裡才開始。但有更多的問題不是這樣就有答案的呀，自問自答或是保持懷疑的過程，雖然看似很無用卻很重要啊。「FIELD NOTE」這份刊物持續介紹個人小店，正因為店家有特殊的吸引力，而大家很容易覺得無用的部分才是真正有魅力的地方。我想，這些部分接下來會愈來愈少人提起，可能不久之後就消失了。但此刻還大有可為，就像釧路仍很有潛力，包含人與人、人與土地的關係，整體而言都非常好。

SHOP DATA

一軒屋 咖哩 古民
釧路市富士見3-3-15
✆ 090-9431-8308
🕒 11:45～15:30（最後點餐15:00）
㉁ 週日、週一、國定假日公休
〔晚場 古民〕不定期營業
19:00～21:30（最後點餐21:00）

SHOP DATA

喫茶 Largo（已停業）
釧路市北大通8-1原豊文堂書店2F
✆ 0154-64-6028
🕒 11:00～19:00
㉁ 週日公休

SHOP DATA

美原鈴屋讀書館
釧路市美原4-1-24
✆ 0154-37-3380
🕒 10:00～18:00
㉁ 週日公休

我也知道
這是繞遠路，
但就忍不住！
好喜歡那些無用的事情！

FIELD NOTE

由釧路市房仲業者「Yutaka Corporation Group」營運，以「精選只有這個城市才有」的主題，將釧路振興局介紹的「個人店」各項資訊，透過網路、免費實體刊物、活動等方式來宣傳的地方媒體。

帶廣 小酒館

OBIHIRO HASHIGO ZAKE

PHOTO / NAOKI WAGATSUMA, SEISYU WATANABE
TEXT / RYUNOSUKE HONDA
DESIGN / SATSUKI AOSAKA

附近的農家、養牛戶，與食材的近距離是這個地方的飲食文化特色。然而，不僅是食材，就連顧客與店家之間的距離也很近。這是我第一次來到帶廣。該去哪裡逛逛呢？酒館裡總是聚集了人群、金錢、資訊。上網查詢店家的評價也是個方法，但好店總是會散發出好氣味。

今天住的飯店是「HOTEL NUPKA」，就先在一樓的咖啡廳&酒吧展開0次會吧。就從啤酒機中隨時供應的十款精釀啤酒開始吧！飯店招牌的「踏上旅程的啤酒」正適合接下來要展開的冒險。請吧台座位區的一群「專業酒咖」推薦，據說從飯店步行兩分鐘左右的「北之屋

踏上旅程的啤酒

日本人喜愛的皮爾森式啤酒。使用100%北海道產大麥麥芽釀成，NUPKA招牌酒款。

以精釀啤酒連結起店家與顧客的緣分

爽～～！

0次會 SPOT

18:00 HOTEL NUPKA

精釀啤酒的種類堪稱十勝第一。還有店門口會響起賽馬腳步聲的馬車BAR。

19:00 北之屋台

帶廣市區貫穿東西向的一條酒館街。裡頭的店家每幾年就會有一次成員大換血的規則，讓未來有意自立門戶的廚師們有機會較勁。是少見能有在地人與觀光客歡聚一堂的場所。

強者較勁的餐點與酒與人的交集

究竟可以喝幾間呢？！

KANPA-I

所有能想像到的煙燻美食交給老闆出菜就對了

1次會 SPOT（北之屋台內）

19:10 煙陣

可以享用到老闆親自獵捕的野味料理與煙燻料理。並提供多款日本酒、紅酒等酒類。

半烤蝦夷鹿肉

店主獵捕的蝦夷鹿，烤到半生熟來吃。沒吃到就虧大了。

煙燻拼盤5品

有些品項實在太美味，令人不敢相信，這也是煙燻製成的嗎？

非常下酒的口味。

每一道都好好吃啊……

2次會 SPOT（北之屋台內）

20:00 PONCHISE

在亞洲味的菜色之中，也有像是帶骨豬肉燉湯的這類阿伊努料理。店名也是取自阿伊努語，代表「小家庭」的意思。

感受透到店外溫暖的燈光十分吸引人

來打擾啦～～

鮭魚腸醃製而成泥 漁夫最愛的下酒菜

木肌（阿伊努酒）

將樹皮剝掉之後，露出的就是鮮黃色的「木肌」，用「木肌」浸泡成的一款阿伊努酒。除了苦味還是苦味。

帶骨豬肉燉湯

阿伊努的經典家常菜。使用豬骨熬出的鮮美湯頭，連滲到骨頭裡的湯汁都要吸光光。

3次會 SPOT（北之屋台內）

21:00 第3間店該去哪一家呢？

在北之屋台裡，有各式各樣的小店，不同的料理和酒類，光是一天絕對不夠。留待下次也不錯。無論挑哪一間，坦白說都不會錯。

琥羊

最有名的是「半烤羊肉」。沒有羊羶味，口味絕佳。偶爾可以從經典的「燒肉羊」換換口味，挑戰不同的「半烤羊肉」。

行雲

唎酒師夫妻很用心設計出搭配每種飲料的煎餃。每個月還會開辦日本酒講座，讓初學者也能輕鬆學習。菜單名稱與價格都很幽默。

想不斷重複聽到歡迎光臨，你好。

創家

可以品嚐到用來自十勝沿岸太平洋新鮮海鮮製作的生魚片、燒烤料理。只有秋天才吃得到的柳葉魚壽司和生魚片，令人讚不絕口。

富士繪

從可以看到廚房的角落座位欣賞到廚師處理魚貨的模樣，手法精湛。店主曾在帶廣地方批發市場食堂工作，非常推薦他製作的太卷壽司。（已於2021.09歇業）

HAHAHA

歡樂的夜晚還很長呢……

台」很不錯。這條在帶廣貫穿東西向的酒館街，一整排有二十間店。無論是北海道鄉土料理或是煙燻料理專門店，各店都有獨特別開生面的料理。小攤子的魅力就是一整間店大概八個人就滿座，小空間裡混雜著觀光客與本地人。和鄰座顧客一聊起來，不一會兒整間店所有人的笑鬧聲傳到連店外都聽得到，誰都別想置身事外。結帳之後走出來，竟然就和剛剛才認識的酒伴們勾肩搭背往下一間店走去。

來到氣氛超越懷舊宛如進入昭和時期的酒館街「稻荷小路」。一推開門，店內比想像中來得更有模有樣。一群互不相識的人坐在吧台前，媽媽桑也能輕鬆對談，為大家找到共同點，開啟話題。像是各自居住的城市、喜歡的電影、音樂，邊聊邊小酌幾杯。在返回飯店的路上，還發現了有外國人以及年輕搭訕男女喧嚷的運動酒吧。即使在陌生的城市，或許因為酒精作祟而變得開放，看起來也不太一樣了。側眼一瞥渾沌的街頭，心情上已經覺得這是「自家庭院」了。

增加到足以改變河岸的酒友軍團

只要一同舉杯喝酒 當場就能稱兄道弟

多人數的話 1次會 SPOT

18:00 德利

有來自日本全國各地的日本酒與搭配的下酒菜。2樓是姐妹店「酒處丹NO」，店主是精通日本酒的美國人Dan。

WAI WAI GAYA GAYA

多人數的話 2次會 SPOT

20:30 稻荷小路

遠離鬧區的地點，推開宛如昭和時期的大門進入潔淨的店內。對於入門者也很友善的夜生活社交場。

從令和跳躍到昭和

多人數的話 3次會 SPOT

20:35 酒處 希

精心製作的下酒菜，加上媽媽桑輕鬆愉快的談話，讓人忍不住追加「再來一道！」

太棒的夜晚… LIFE…

路過一下 SPOT

22:15 滿壽屋

小麥產量高居日本第一的十勝地區，也是麵包店的激戰區。這間在十勝有6間分店，長期受到在地居民喜愛的老字號麵包店。總店在晚上會不定期販售各分店的特價商品。

從特殊種類到傳統樸實口味的麵包，令人目不暇給。

在前一晚準備好 隔天的早餐 萬無一失

在地人的默契

「明天的早餐，就先去滿壽屋買好？」

該選哪一個？好猶豫啊～～

4次會 SPOT **22:45 笑福**

戰後有很多從滿洲返國到此地的人，因此廣帶有不少中華料理餐廳。這一間是1954年創業的老店，啤酒採自行從冰箱取用的自助式，可以體驗傳統風格。

老闆娘，我拿一瓶啤酒哦！

深夜精選 值得多加的一間店

Q彈的厚皮煎餃讓人一口接一口。也很適合當作一次會的地點。其他點的水餃、廣州炒麵也都很受歡迎。

✗ SPOT

23:45 波瀾萬丈

由屋齡78年的古民家改建而成的「JIMBA」。一樓是咖啡館和共享工作空間，可以做直播的攝影棚，二樓則作為出租空間。

充滿包容 接納無處可去的醉客

山葵蕎麥麵

口感滑順的蕎麥麵，加上現磨山葵的嗆辣。先前的醉意一下子消散到宇宙的另一端。

我先開動囉～

我的還沒好?

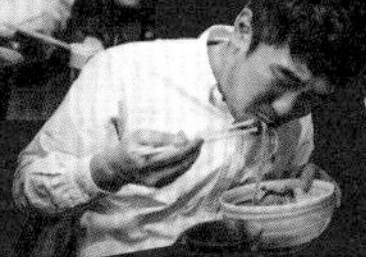

UMAI!

1:00 解散！

OYASUMI～

帶廣的夜晚 實在意外有趣啊

有人才剛說「明天的事？管它的！」但明天又是另一個重要的明天。繼續喝好酒啊！

＊因疫情緣故，本書提供之相關資訊恐有變動。前往之前，請先確認。

text Kohei Abe
photo Ryo Tsuchida
design Meimei

從開墾的最深處讓日本變得更有趣！「道東電視台」的遠大挑戰

將據點設置在道東的津別町，
持續發布影片介紹此地居民、土地資訊的「道東電視台」。
公司負責人立川彰，2016年以振興地區協力隊一員身分，
從千葉縣船橋市移居此地。
除了製作影片對內外宣傳此地的魅力，
立川先生也經營工作共享空間，以及露營車出租事業。
這些工作的基礎都有個偉大的願景，那就是「從開墾的最深處津別來讓全日本變得更有趣！」
這次要請他來聊聊，
為何投入這乍看之下毫不相關的三項事業，
他與改變人生的電視如何浪漫相遇，
以及作為一名在地方上勇於挑戰的創意人有什麼樣的人生哲學。

就製作影片的角度上，移居津別是個好機會

——先請教「道東電視台」成立的經過。

立川彰（以下簡稱立川） 最初的機緣是我在二〇一五年製作了津別町的宣傳影片。當時我在千葉縣船橋市開了一間影像製作公司，接到了案子，內容是委託製作津別的宣傳影片。也就是在船橋製作宣傳津別的企劃。

——在船橋市來介紹津別町？這兩個地方是姐妹城市嗎？

立川 不是，並沒有官方，只是民間程度的交流。起因是有一位出身津別，後來在船橋事業有成的人士，大概在三十年前展開民間交流，希望讓故鄉津別和船橋有更密切的互動。

道東電視台負責人立川彰。在同時推動各項事業之外，目前還準備在津別町內開設共享生活空間。

——哇，好奇妙的故事哦。

立川 是啊。因為有這樣的背景，原本住在船橋的我，有機會製作這部宣傳影片，目的是促進大家移居、定居津別。不過，坦白說，不太因為光是拍一部影片就會輕鬆決定移居吧？當然，我是以這個目標來製作影片，但自己也有點糾結，總覺得不算真正達成目標……。

——原來如此。

立川 於是我心想，如果不是單一影片，而是定期介紹津別的資訊，得要有更深入的連結才能真正有助於推動大家移居的意願。因此，我希望能持續製作介紹的影片來宣傳。我向津別町提出這個想法，對方就告訴我，「其實我們有個振興地區協力隊的制度，不如利用看看？」

——因為這樣決定移居到津別嗎？這可是很大膽的決定耶。

立川 因為我覺得在津別製作影片會很有趣，而且有很多機會。

——像是哪些地方會有機會呢？

立川 搜尋一下道東的電視台會發現，幾乎沒有地方頻道或是有線電視。雖然有NHK的北見支局，目前卻沒有導播，聽說並沒有自己製播的節目。但是道東的面積有四個千葉縣那麼大，人口也有將近一百萬人。這樣的規模下卻沒有影像媒體，這不就是個大好機會嗎？

——認為自己或許能負起這個使命嗎？

立川 對啊。因為沒有競爭對手。民間電視台播放的節目，到頭來不全是都會區的資訊嗎？過去我在船橋的有線電視台製作資訊節目，深深感受到民間電視台不重視的那些地方資訊是多麼有趣，而且重要。

——也就是說，有些雖然民間電視台沒有報導，對地方上來說卻是很有用的資訊。

立川 是的。除此之外，因為影片製作公司都屬於外包接案，我也有雄心壯志，希望哪天自己能站在主動播放的立場。在過去的年代，播放影像是電視台的專利，但現在有YouTube、Facebook這些人人可免費使用的工具。只要好好利用，地方小城鎮也具備傳播資訊的能力，很有趣啊。

——這下子就算不倚賴電視台，也可以自行介紹當地的資訊了吧。

立川 對啊對啊。現在是個人人都有自己頻道的時代嘛。這一點就讓我覺得有趣，而且大有機會，所以在二〇一六年我以振興地區協力隊的身分移居到這裡。這也是道東電視台成立的開端。

——每個地方的振興地區協力隊設定的使命都不太一樣，津別設定了什麼目標呢？

立川 就我的狀況來說，我是以提案「定期發布資訊來宣傳當地」作為設定的任務。話說回來，每年領取町內兩百四十萬的預算，要是沒有明確拿出具體的成果，感覺就無法對當地居民證明自己的價值。

——要是大家覺得「這傢伙拿了町內的錢也不知道花到哪裡去」，在當地也很難待下去吧。

立川 就是說啊。所以我們事先講好，以月薪二十萬圓的薪水拍攝一支影片。當時我做一支宣傳影片大概是三十萬圓，所以心想先以比較低的價格來製作。但一開始我大概三天就能拍一支，持續拍不停。

——算是好的違約（笑）。

立川 這樣的作法也獲得地方政府的認同，漸漸地，愈來愈多人會說「我們支持立川先生！」真的很感謝。

——這就是因為實際成果而產生信任感。

立川 不久之後，從原先展現津別魅力的宣傳影片，認識了在地的有趣店家、人物，慢慢地將概念轉向介紹這些人物、店家的宣傳節目。

——從宣傳影片到節目嗎？

立川 是的。其中我製作的節目還獲得「北海道影像競賽」的最優秀獎呢。

——太厲害了！是什麼樣的節目呢？

立川 是一個針對津別町年長者，以「人生終點」為主題的節目。在津別，年長者走到人生尾聲時，可以回到家中，讓全家人陪同走完最後一程。為了支持這項政策，到府看護以及到府看診這些配套措施也積極執行。

——哇，我第一次知道這項政策。

立川 評審給的評語是，「這種可以選擇

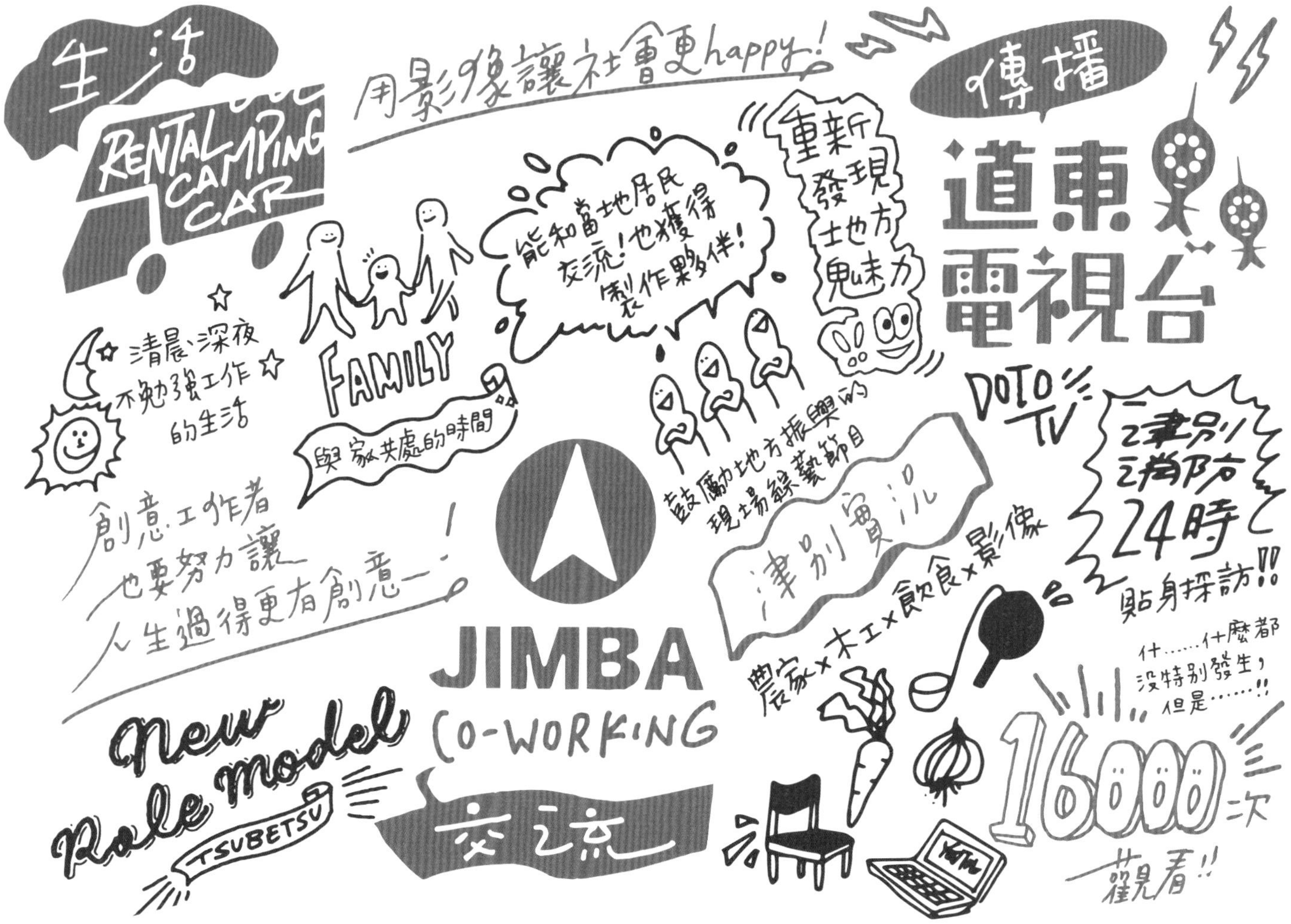

人生要怎麼結束的小鎮，似乎是都會區無法實現的」。沒想到竟然還有這樣的選項，從好的角度來說也讓他們大感震撼。因為拿到這個獎項，在町內也受到好評，發現「其實宣傳節目也有它的意義」，而且在我結束協力隊的任期之後仍願意提撥製作影片的預算給我。多虧這些資源，讓我現在能在津別持續製作節目。

改變人生的「一億人大疑問」的飛鏢挑戰

——一開始為什麼會投入影片製作呢？

立川　其實我是機械系專科畢業，本來是做機械模組的。但是模組業界也開始從國外進口一些廉價的產品，前景讓人憂慮。公司的社長也是每天開口閉口就說，「可能快撐不下去了……」這些話聽在我這個二十幾歲的年輕人耳裡，自然很擔心，「接下來還有希望嗎？」

——這倒是。

立川　我心想，既然這樣不如就做自己想做的事吧。當年我經常看MTV之類的，對影像相關的工作滿有興趣。於是，在什麼都不懂的狀況下，總之我先存了一百萬圓，然後從靜岡去到東京。

——在毫無經驗下，是怎麼找工作的呢？

立川　我想，反正只要跟影像有關的工作都好，所以上網搜尋無經驗可的職缺。後來錄取的是一項賽馬節目的技術人員，做了半年左右，我就換到節目製作公司。

——是製作什麼樣的節目？

立川　在〈一億人大疑問〉這個節目擔任AD（助理導播）。這個節目的主旨就是「介紹許多在日本優秀美好的人！」而且以一般民眾為主角。就這一點來看，和我現在從事的工作內容可說沒有兩樣。

——真的耶（笑）。道東電視台也是將焦點放在一般民眾身上。

立川　〈一億人大疑問〉的AD這份工作做了三年，我認為這段時間的經驗成了我的基礎。除此之外，人際關係上也出現了改變人生的轉折。有一次在節目的「飛鏢之旅」單元中，在決定外景地的飛鏢挑戰射中的是「萬那杜共和國」這個地方。

——什麼！還有飛鏢旅行嗎？

由屋齡78年的古民家改建而成的「JIMBA」。一樓是咖啡館和共享工作空間，可以做直播的攝影棚，二樓則作為出租空間。

立川　對呀。結果到了那邊，和當地為我們安排行程的協調員變成好朋友，我辭掉AD工作後還去萬那杜住了大約半年。

——這個劇情轉折也太突然了吧（笑）。

立川　我在二十七歲辭掉助導的工作，連房子都退租，成了無根野草。然後一開始到北海道打工旅遊，之後就到萬那杜。

——在萬那杜做些什麼事呢？

立川　我在北海道拍了滑雪板的影片，到了萬那杜也幫協調員經營的旅社拍影片。結果雖然離開電視台，還是在拍影片。

——當初是為了自己想做的事情才進入電視業界，但為什麼又辭掉AD工作呢？

立川　其實就跟我當年辭掉機械工一樣，因為「感覺不到未來」。要製作以年輕收視群為對象的有趣節目，果然還是要靠年輕的導播才行吧？所以在電視業界，大家普遍到了四、五十歲就沒工作了。

——但你辭掉了電視台的工作，還是繼續拍片耶。

立川　所以我想，「果然我真的很愛拍片這份工作呢！」因此離職之後我一直在思考，「可以的話，我希望能繼續做這份工作，但該怎麼做才好呢？」

——離開反而成了面對自我的機會耶。

立川　對。就在那時候，我在萬那杜看到Perfume的演唱實況影片，大受震撼。當時在萬那杜只有ADSL程度的網速，但仍然可以在YouTube上觀看高畫質影片。看到這個讓我想到，「接下來就是用網路傳播影片的時代了。」所以我決定回國，以個人經營者的方式來從事影片製作。

——是因為預測到如果運用網路，就能不限年齡繼續從事拍攝嗎？

立川　的確有這種想法。然後因為萬那杜的那位協調員在船橋市有個據點，我就借用那個地方成立了影像製作公司。

——原來是這樣連結到船橋的啊。這麼說來，如果當初飛鏢沒射到萬那杜的話，你跟船橋還有津別都不會有交集了嗎？

立川　就是說呀。而且我跟我太太也是在萬那杜認識的（笑）。

——哇！（笑）所以那支飛鏢根本就是改變你的命運了嘛！

立川　要是沒有那支飛鏢，就沒有現在的我了吧。

在「JIMBA」的共享空間裡，擺了很多立川先生過去使用的器材、以及在各地拍攝回憶滿滿的照片。

堅信網路節目
將成為地方城市的基礎建設

立川　一開始我為了拍宣傳影片來到津別時，地方上的人問我：「立川先生是不是也可以在這裡做些什麼呢？」一定要很喜愛自己居住的地方、生活環境，才會說這種話吧。那麼，要是讓愈來愈多人這麼說，就能進一步推動外地人移居到此地吧。

——原來如此。

立川　當我在思考「為什麼喜歡津別？」時，以我個人來說，是因為在地方上活動的人都很有趣，有好吃的餐廳，以及有豐富的大自然。因為有這些條件，讓我覺得「住在這裡真好！」我希望不斷藉由節目來介紹這些事情，而道東電視台的最終目標，就是讓住在津別的居民可以輕鬆告訴大家：「我們這裡很棒，歡迎來玩！」

——在說「自己住的地方什麼都沒有」之前，先透過節目重新發現地方魅力，對內外宣傳的意思對吧？

立川　就是這樣。我認為這就是媒體的力量。畢竟當地居民不太會特地去問家附近的蕎麥麵店，「請問貴店有什麼講究的地方？」吧？所以才需要有媒體介入，告訴大家其中的資訊，像是「我們只用在地食材」或是「我們的食物都是天然無添加」等等，這就是媒體存在的意義。

——對內部的人來說，是個重新認識在地趣味的機會，而對外也能藉此宣傳地方魅力耶。在過去製作的節目中，有哪些是迴響特別大的呢？

立川　我做過一個「津別消防貼身二十四小時」的企劃。就是二十四小時之中分分秒秒貼身採訪津別消防隊。

——發生了什麼事呢？

立川　結果貼身採訪了二十四小時，卻什麼事也沒發生耶。

——這，這樣也很好啦（笑）。

立川　話說回來，這麼一來就沒什麼可看性，之後還繼續採訪到有救護車出動，等到最後還是放棄了，乾脆去問隊員：「覺得這份工作的價值在哪裡？」我本來以為會得到像是「為地方民眾服務」的答案，實際上他們卻說，「每次一天平安無事結束時，就放心了。」

——哇，好帥氣哦。

立川　很帥氣吧。這個節目創下一萬六千次的觀看次數，其中有三分之一的人還看到最後。假設每個人都看一次的話，不就代表有大約四千八百人看到最後嗎？介紹這個人口四千六百人小城鎮的節目，竟然有比居民更多的人觀賞過，很厲害吧。

——真的耶。

立川　而且這個節目後來連在地方上的醫院、路邊休息站等地也都播放。進展到這個程度，節目對於地方上的影響力也愈來愈大了吧。沒想到從網路出發的節目，竟然也能發揮類似地方電視台的功能。

不犧牲家人
創意人的生活方式

——道東電視台的辦公室設在兼開咖啡館的共享工作空間「JIMBA」裡，這裡也是由你經營的吧。在製作影片的同時，也擁有實體空間，是什麼樣的想法呢？

立川　「JIMBA」原本也是因為道東地區再造企劃這個地方創生事業而誕生的場所。這項運用空屋再生，改為共享工作空間的計畫，我是自願參與的。應該說，從我之前在船橋時就一直很想經營共享工作空間。

——為什麼呢？

立川　因為共享工作空間會有很多有趣的人進進出出呀。而我的工作就是拍攝有趣的人，或是幫助宣傳這些人。所以，我心想，如果自己經營共享工作空間，不就自然而然在工作上有正向循環了嗎！

——不但能遇到很多有趣的人，還能連帶接到工作，簡直一舉兩得耶。

立川　對呀。而且在津別製作影片的過程中，我發現製作節目就等於在交朋友。比方說，我做了一個談話性節目叫做「津別實況」，邀請在津別做生意的同年代族群。這個節目的主旨就是以他們關心的事物當作主題，但是這個不是拿錢製作的唷。起初是因為當地居民說，「我們想做節目！」我提議「那我可以提供技術！」於是就這樣開始。持續做了一段時間，和在地的居民都成了好朋友。

——結果你這位移居者和當地居民，因為製作節目這件事變得關係更深厚了耶。

立川　移居者很大的煩惱，還是在於不知道該怎麼和在地居民交流。一開始，因為做節目而和在地居民變成好朋友，看到的人也會漸漸接受，「這種人也移居來這裡耶。」做節目真的有股力量能讓人與人更接近，既然這樣，經營能認識更多人的共享工作空間，對我來說也是好處多多。

——拍影片和經營共享工作空間，兩件乍看無關的事業，在你心中卻同樣都是紮根地方。你還有另一項我很好奇的事業，就是出租露營車。

立川　這個也很難了解其中的關連耶（笑）。其實我的行動原則有兩項。一項是「用影像讓社會更Happy！」另一項就是「希望創意人能徹底實踐像個創意人的人生」。為了實現後者，我認為工作的環境非常重要，為了有良好工作環境，我開始租用露營車。

——為了有良好工作環境而租用露營車？

立川　影片製作這一行，經常要一大早拍片，然後忙到半夜。這樣跟家人相處的時間就變少了。在電視圈裡很常聽到有人一忙起來幾天沒回家，連小孩子都不記得自己長什麼樣。事實上，離婚率也很高。

——我曾出差一週，回家時很期待見到家人，結果小孩一看到我就大哭（笑）。

立川　真的會這樣（笑）。不過，如果有輛露營車，不但能帶著家人一起到工作現場，而且有空間遊玩，還有電視可看，不會覺得無聊吧。在移動的車程能和家人相處，即使忙到很晚回不了家也有過夜的地方。所以工作就等於家庭小旅行。

——這想法很棒耶。

立川　我自己也身體力行。只要有露營車，就不必因為工作而犧牲家庭。

——你的作風像是在追求自己心目中理想的生活模式，然後發現「應該這樣做會更好」的問題時，再設法解決。感覺就是重複這樣的過程。

立川　是的。我會思考，在地方上實際納入想要的功能，應該就能改善環境，變得更易居。

——你做的事就像「一人政府」（笑）。

立川　第一次聽到這種說法（笑）。不過，我為津別製作宣傳節目而且能在這裡生活，身為一名製作影片的創意人，我希望自己的例子能成為其他人參考的模式。有些過去和我一起做節目的同事，也要四十歲了，常聽他們對將來感到不安。其實我在津別做的事情，相信也能套用到其他地區，如果有更多創意人能過得更像創意人，那就太好了。

從開墾的最深處啟動 拓展到全國的全新經驗

——最後我想請教你未來的願景。

立川　接下來我有興趣的是教育事業。地方城鎮的課題之一，就是教育的選項比較少吧。但是，現在可以靠影像、網路播放來實現遠距教學，未來應該能拉近與都會區的教育落差。這麼一來，像津別這類人口外移的地方也有機會接受高等教育，應該能帶動外地人來定居的意願吧。

——為什麼會在各方面為津別著想？有什麼原因嗎？

立川　因為津別這個地方真的很有意思啊。從我移居那陣子就訂為「課題先進地區」了，據說津別的現況就是二〇四〇年的日本縮影。

——意思是說，日本各地在二十年後會接近目前津別的狀況嗎？

立川　是啊。如果能比其他人早一步解決這些課題，不是很有趣嗎？此外，津別這個地方已經逐漸擺脫少子化的狀況了呢。

——兒童增加了嗎？

立川　年輕世代稍微增加了。當然，得再觀察更長一段時間才能確定是不是有增加的趨勢，但的確是好消息。還有另一件有趣的事，其實津別也有成長的產業。你認為目前成長的產業是哪一項呢？

——IT這類高科技的嗎？

立川　一般都會這麼想吧。但其實目前在日本成長的產業是農業和林業。正是這些所謂的一次產業，拜IT化之賜有所成長。換句話說，津別這裡不但逐漸脫離超高齡社會，而且還有正在成長的產業。在這個充滿機會的地方，不是超有趣嗎？

——真的耶，愈聽愈覺得很有意思。

立川　就是說呀（笑）。我一直把推動移居、定居當作目標，最近則在思考環流人口的議題。

——環流人口？

立川　像是鮭魚，在成長後會一度離開生長的河川，之後再為了生產逆流而上。同樣地，如果我們也可以依照人生階段選擇適合當下生活的地方不也很好嗎？比方說，孩子小的時候住在充滿大自然的環境，年歲增長後就會想住在交通便捷的大都市吧。如果能配合人生各個階段來選擇住所，創造這樣的生活模式就太好了。

——這很棒耶！

立川　希望能先從津別展開這類嘗試。因為津別算是開墾的最深處吧，像是開墾兵最後進入的地區。說起來算是最邊緣的城鎮，如果能從這裡展開有趣的嘗試，將各項資訊宣傳出去，逐漸推廣到全日本，那不是很棒嗎？

——不是從中央拓展到邊緣，而是從反向推廣嗎？

立川　對呀。使用網路發布訊息，然後在共享工作空間裡有移居者與在地居民產生交流，加上不犧牲家庭的工作方式，如果能建立起「津別模式」並且實現，應該也能運用在其他城鎮吧。若全國有愈來愈多這樣的城鎮，我認為不受限在特定地區生活的人，也就是環流人口將會逐漸增加。這麼一來，我們就成了一個比現在更能享受工作和生活的國家了呀。

——哇！這個目標好遠大啊。沒想到能從津別發展到全日本！

立川　願景確實很遠大。但很多事情也做過頭了（笑）。

——不過，從影像製作、共享工作空間到露營車，單獨來看不太了解其中的關連性，但聽你說才知道，原來有一條線連起來。

立川　太好了，你能理解（笑）。總之，我希望未來能讓津別、道東變得更有趣！

http://doutou.tv/

在矢野組工作

位於北海道北見市的「株式會社矢野組（以下簡稱矢野組）」，這間建築公司專為以北見市區為主的鄂霍次克地區一般住宅與店家提供設計、施工的服務。創業至今7年，不受既有現成商品及常見的固定格局所限制，盡可能滿足客戶的需求，堅持腳踏實地創作，年輕品味與細心的工作態度也大受好評，業績蒸蒸日上。
目前，矢野組正在招募新血。

Cover photo 2018 完工的「大平房」
photo&text Takuro Nakanishi / design Chihiro Nazuka

矢野優太

株式會社矢野組代表取締役社長。
1985年出生於北見市。
高中畢業後進入北見市內的建築公司任職，2013年自立門戶，成立了矢野組。
興趣是DJ、雪板以及三溫暖。

公司負責人矢野優太，在二〇二〇年時正值三十五歲。由於筆者和他有私交，非常了解他的個性。甚至我想，在矢野組工作最有吸引力的一點說不定就是矢野先生的個性。

要證明這一點，可以聽聽公司員工異口同聲表示，「矢野組的公司風格就是輕鬆自在，然後能全力投入有價值的工作。」可說和筆者的見解不謀而合。

這一次，就來請矢野先生以及在矢野組工作的員工來談談。

員工的心聲

——兩位平常的工作內容是什麼呢？

井上 我平常主要做規劃的工作，有時間的話也會到現場管理。其實我很愛到工地，但最近沒什麼時間，光是規劃的工作就有得忙，加上邊做邊學，陷入苦戰。

赤松 我從事科學校畢業之後，先進了其他公司工作一年，然後才換到矢野組，剛進來一年，還算個菜鳥。

——兩位是怎麼進來矢野組的？

井上 我在前一間公司待了十九年。因為那是在我有難時收留我的公司，很照顧我，我也抱著報恩的心情工作。雖然一直感念這份情義，但那間公司不太重視住宅建築部門。但說到底，我還是喜歡蓋房子，總是有種有志難伸的感覺。

就在這時候，我和矢野重逢……其實我大他好幾歲，而且我們是同一個地方出身的（笑），只是之前二十年沒見了。當時講到「你現在做什麼工作？」我說，「在蓋房子。」他就問要不要跟他一起工作。

赤松 我是因為前一間公司的前輩先辭掉工作，進到矢野組。後來那位前輩說這間公司很棒，問我要不要過來。

——實際進來工作之後覺得有哪些地方不錯？

井上 應該是可以「放手去做」吧？然後，萬一出錯，矢野也會說「唉，難免啦！」（笑）

他說，每個人都會犯錯，而且就算檢查過再多次，有時候不行就是不行。他有很多我沒有的點子，遇到沒做過的事情他也會說「不試試看怎麼知道呢？」雖然做得很辛苦，但辦得到的事情愈來愈多，原先期望與住宅相關的工作內容也毫無問題。再者，公司放手讓你做的事情連出錯都願意包容，這的確讓大家更好做事。

赤松 我的休假天數和待遇跟前公司比起來天差地遠，這一點非常感謝。另外，進來之後發現自己做得到的事情愈來愈多，覺得很開心。看著自己的作品變多確實會高興。

矢野組的魅力

建築這一行在日本有「3K」行業之稱，也就是日語發音皆為

（左）井上司（右）赤松政宗

K開頭的「危險、辛苦、骯髒」，加上收入不高，並不是很受歡迎的行業。然而，看著矢野組的員工在默默作業的同時，卻都是一副樂在其中的模樣。公司中瀰漫著輕鬆自在的工作氣氛。

矢野先生同年齡層的族群，多半已經結婚、生子，目前剛好是準備打造住宅的人生階段。此外，他也接受許多年輕經營者的委託，針對餐廳、店鋪提供講求設計感和品味的工程，每天忙得不可開交。

矢野先生聊起他的建築工作內容。

「其實蓋房子的工作沒有想像中那麼難啦。」

講起建設公司給人的印象，很容易讓人想像到職人氣質、上下關係嚴格的業界，而且全靠經驗取勝，光是想想這樣的背景就讓人有點提不起勁。

「當然也有這一面，但基本上就算今天第一天上工的人也有事情可以做。有一大堆工作是無經驗的人也能做的。」

他接著說。

「其實無論什麼工作都一樣，一開始一定有很多做不好、搞不懂的事情。但是只要多做不就學會了嗎？經過一次次的挑戰，人就會成長，而且我很希望大家能

多嘗試，就算失敗也無所謂。」

聽了兩位員工說可以「放手去做」，以及「做得到的事情愈來愈多」，可以確定這些都來自矢野先生的態度，就是他認為凡事先嘗試就對了。

「在我們公司呢，進來第一天我就會說，講得誇張一點，最終目標就是自己能和客戶討論之後，知道其中公司能獲利多少，然後自己能領到多少薪水。學會提案的技巧之後，看一年要蓋多少棟房子，能有多少利潤，這些我都會交給員工自己評估。」

在矢野先生的個性中，「信任交付」與「負起責任」這兩件事是一體的。面對事情保持柔軟、彈性的態度，同時又具備秉持一貫性的強韌，能獲得信任交付工作的人，除了做起事情戰戰兢兢，想必更有強大的心理素質能承受這些挑戰吧。

「今年我打算接受來自外國的應徵者。去年我去旅行，登了喜馬拉雅山，發現當地與日本的經濟落差，讓我大吃一驚。聽說當地人到日本工作的薪水可以養活全家人。我們前面也說過，就算臨時上工也會有事情可以做。對我來說是求之不得。其中也有人為了來日本工作正在學習建築知識。」（本次採訪時間為二〇二〇年二月）

「另外，要說有什麼特別注重的，就是貫徹休假制度。週六、週日、國定假日，一定要休假，其他像是中元節、春節，特休，也要求員工要休夠。」

雖然公司創業不久，要說是新創公司也不為過，在待遇方面卻無可挑剔。我問他，「坦白說，這樣對經營者來說不會太辛苦嗎？」他露出有點難為情的表情答道。

「沒辦法在法定勞動時間完成工作，這是公司的責任。誤判工期，或是人員配置出了錯，這些都是經營者的責任。」他說得輕鬆。然而，雖然這是我個人推測，要打造出這樣的環境，可不是靠一般程度的努力就能達成。聽說連完工後的維護都做得很仔細的矢野先生，自己連假日都會進公司。「因為自己動手的話，就不必花錢了。」他說這句話時，臉上的笑容令人印象深刻。

矢野組的未來展望

之後我再次走訪矢野組（二〇二〇年四月中旬），請教了在當前社會局勢下建築業界的未來發展。「雖然社會局勢變成這樣，但坦白說我們做的事情並沒有改變。不過就是腳踏實地做客戶要求的東西。」筆者根據個人的假設推測，接下來將會愈來愈多人移居北海道，或是有志從事接近一次產業的工作。隨著都市化演進，分工愈來愈細的工作而產生混亂的這個時代，是否更該重新檢視這樣長久不變的人際關係與持續性的工作呢？我將這個想法告訴矢野先生，他只說了「誰都不曉得往後的事。但我一心只想貼近客戶，做出好東西。」

這次因為矢野組招募新血，找我幫他們寫篇文章。但我刻意沒有詳細提到工作條件及待遇，因為我想，不如把內容聚焦在矢野先生的個性，以及矢野組的公司風格上，會有更好的效果。再次告訴各位，矢野組目前正在招募員工。

INFOMATION

株式會社矢野組

北海道北見市美山町1丁目50番地156
✆ 0157-33-4866
http://yanogumi.com/

NOW ON SALE

Live, Life, Like

株式會社矢野組出版的住屋專輯。裡頭介紹的不是剛完工的新屋照片，而是在交屋之後居住的狀況，以及住戶的感想。住宅是從入住之後才開始有「家的模樣」。全冊充滿矢野組的風格。共介紹11個案例。

出門旅行泡溫泉，
日常生活也泡溫泉，
這裡是溫泉寶庫。

道東的溫泉

走訪北海道全區各地的溫泉，最後來到了帶廣。
為了想要每天泡帶廣的泥炭溫泉，
甚至移居到這裡的溫泉Sommelier今先生，
這次就請他以個人獨到眼光與偏好來介紹他喜歡的溫泉。

眺望 View

知床夕陽日落之家 ONSEN HOSTEL
世界遺產的夕陽一覽無遺

春秋兩季看到海面一片朱紅，冬季有流冰染得金黃。

斜里町

羅臼之宿 Marumi
遠望國後島升起的旭日

秋季夜晚能欣賞到釣烏賊漁船的一排漁火，氣氛相當迷幻浪漫。

羅臼町

然別湖 KOTAN 冰上露天風呂
全球唯一冰上露天溫泉

村民自行打造，與大自然合而為一的湖上露天溫泉，絕無僅有。

鹿追町

泉質 Spring quality

山之宿 野中溫泉 盡情享受名泉
不但沒有淋浴設備，還空蕩蕩的不起眼。只有整間用椴松打造的浴場，溫泉流水聲，硫磺的香氣。這裡的溫泉就會讓人覺得，光是這樣就好。

足寄町

朝日湯 氣泡感之中帶有滑順感
琥珀色的溫泉從源頭完全未接觸空氣，直接從浴池底部湧現流出。在大眾澡堂中有宛如絲綢觸感的泉質新鮮湧出，令人感動。據說dot道東的成員駐足帶廣的時候，一定會帶人去。

帶廣市

鶴居 Northern Village HOTEL TAITO
兼具「色、香、觸感」的絕佳溫泉

紅茶色透明的美麗泉色，宜人的香氣，加上入水瞬間就能體會到的滑順觸感，是一處無可挑剔的極佳溫泉。
男湯才有的釜風呂，在泡溫泉時還能仰望星空，也是一絕。

鶴居村

川湯溫泉 欣喜湯
美膚強酸性溫泉

Ph1.73且可直接飲用的日本少數強酸性溫泉。具有殺菌效果，且矽酸超過200mg/kg就可稱為美人泉，在這裡高達305.2mg/kg，因此也兼具美膚效果。

弟子屈町

Mr.Kon

coordination&text Masaaki Kon , design Mihoko Aoto(BluePine)

野泉
Wild

神之水溫泉瀑布
狂野過頭的祕境野泉

這處野泉得先攀上瀑布才能進入。瀑布落下的水池成了充滿野趣的天然露天溫泉。
泉質為強酸性，對皮膚的刺激性很強。

斜里町

photo Tomoki Kokubun

瀨石溫泉　在海中的野泉
漲潮時沉入海裡，只有在退潮時才會出現的夢幻野泉。
面對著大海，就像泡在海水裡的溫泉。
這裡也是戲劇「來自北國」的外景地。

羅臼町

薰別溫泉　危機四伏的祕境溫泉
沿著溪邊岩盤自然湧出的溫泉，鑿通岩盤而成的浴池。這處位於祕境的溫泉，可以汲取溪水調節溫度。邊泡溫泉邊喝啤酒，也是野泉才能享受到的樂趣。

標津町

＊野泉可能會有遇到熊的風險，請事先調查並做好充分準備。

三溫暖
Sauna

自由之丘溫泉
日本第一可飲用的冷水浴

冷水浴使用的是園區內自然湧出的冷泉，含有豐富礦物質且可直接飲用。在走訪全日本三溫暖的愛好者之中，此處幾乎是眾所公認的全國第一。女湯中有噴霧機，特別體貼女性。

帶廣市

森林溫泉度假村 北海道飯店
可以隨意淋水在牆壁、地板

除了能以泥炭溫泉潑灑木板、牆面、石地產生的不同蒸氣浴，還有使用日本第一清流水質的冷水浴，以及下方通風的外氣浴等，有相當完備的三溫暖設施。

帶廣市

羅馬之泉
日本唯一的個人浴室三溫暖

充滿懷舊氣息的個人浴室形式，可盡情享受三溫暖。休息時務必在換衣處享受電風扇的涼風吹拂，調節體溫。全日本只有這一處，在個人浴室中有完備的三溫暖、冷水浴及溫泉。

帶廣市

Tokachi Sauna&Avanto
可體驗冰泳的三溫暖

租借可移動的三溫暖拖車，在零下20度的世界裡於十勝川挖洞來代替冷水浴，還能同時體驗「冰泳」。不必再長途跋涉到冰島也能享受。三溫暖愛好者一定要來道東體驗。

豐頃町

喚醒憧憬未知的鄂霍次克之旅

Around Okhotsk

text Kohei Abe
photo Ryo Tsuchida
design Meimei
coordination Takuro Nakanishi

「我住東京，是個自由文字工作者。」

一如往常的開場白，但聽起來卻莫名地空虛。
在生活形態不設限的人面前，
用頭銜來自我介紹突然覺得自己極其無趣乏味。
在鄂霍次克，這種情境發生過好多次。

2019年12月，我接到dot道東的中西拓郎先生罕見嚴謹有禮的E-mail。
內容寫道，「您要來鄂霍次克旅行，撰寫遊記嗎？」
我立刻回答「要！」但過了一會兒就開始有些不安，「不要緊嗎……」
因為鄂霍次克之旅總是輕易就超乎我自己的想像。

即使我在同是北海道的函館土生土長，鄂霍次克對我來說長久以來都是一塊陌生的土地。
第一次造訪是在3年前的冬天。
美到令人屏氣凝神的壯觀景致、
印象深刻難以忘懷的各種美食，
更震撼的是，在此地的人們堅強踏實過生活的態度，讓我的價值觀從根本動搖。

「這麼精彩的體驗，我真的能用文字表達嗎？」
說不擔心是騙人的。
另一方面，面對這次邀約我就像收下戰書，自我激勵。
1個月之後，我帶著適度的緊張，迎向出發這一天。

First day

實感主義的洗禮

五點四十五分。我從笹塚搭上往新宿方向的電車。這個時段的電車可說一片混亂，有穿著西裝一早準備上班的人，也有看起來是喝了一整晚到天亮的醉漢。而對於出身地方城鎮的我來說，這也是相當富有東京風格的景象。

在羽田機場和攝影師土田君會合後，搭上前往女滿別的班機。本來打算小睡一會兒，但情緒亢奮到睡不著。飛越街區、飛越山地、飛越大海之後，窗外已經是一片雪景。先前聽說今年雪下得少，但眼前的銀白大地依舊美得教人屏息。

到了女滿別機場，迎接我們的是策劃這次旅程的拓郎，還有前幾天先抵達的設計師芽映。大夥笑咪咪面對鏡頭，留下踏上旅程的第一張照片。此次的重逢在欣喜中也夾雜著些微難為情。這次的遊記，就由我們四人製作。

「今天我們就先去常呂町，拜訪當漁夫的川口吧。」「然後在那邊採訪川口先生嗎？」「也不一定啦，只是他這個人很有意思，我想介紹大家認識一下。」大概就像這樣，這次的採訪就採如此自由隨興的風格。要寫些什麼，拍些什麼，怎麼設計，全都交給我們自行發揮。講好聽是自由，講難聽點就是不按牌理出牌的採訪。

拓郎說得沒錯，川口洋史的確是個很有意思的人。他辭掉在東京的廣告公司工作，回到家鄉搖身一變成了漁夫。雖然罹患淋巴性白血病，在對抗病魔的同時仍與夥伴擬定事業計畫，目前將沒落的商店街重建一角，從事海產加工、販賣。在持續進行治療的同時，未來計畫成立大眾酒館形式的社群空間，並以此處為據點，致力水產資源管理、漁具再利用，也就是建立起永續經營的漁業模式。「反正我想到什麼都想去試試看（笑）。希望能打造出讓我們快樂生活的環境。」川口先生在說這句話時，表情沒有一絲迷惘，充滿堅毅的生命力，覺得他真的做任何事都能實現。

聽完工作的內容後，他請我們吃鄂霍次克產的牡蠣。Q彈的口感，彷彿凝聚了整座海洋的濃郁風味，讓人難以抗拒。據川口先生說，佐呂間湖的一年牡蠣風味最濃郁、最好吃。問他為什麼，沒想到他的回答是，「呃，我也不知道耶（笑）」。拓郎聽了之後，大笑著說：「這種尚未發掘的感覺很好玩啊，該說科學的黑手還沒伸進來嗎？總之，『搞不懂什麼理由，反正每個人來吃都覺得好吃』，這個說法不是超有說服力嗎！」

「不知道理由但總是能實際感受」這樣的案例，在接下來走訪的環境大善也遇到了。環境大善是一個利用牛隻尿液製造出除臭劑「消除」的公司，但詢問之下得到的答案也只是「雖然在科學上已證實有除臭效果，但目前還不清楚是什麼機制。」社長窪之內誠把這個現象稱為「實感主義」。對生在凡事講求證據的時代的我們，這似乎是很大的問題。

然而，仔細思考，會覺得無論是美味，或是除臭效果，真正要追求的可能是實際感受而非證據。至少，我自己是這樣。過去毫不懷疑的科學信仰，此刻感覺爽快地逐漸瓦解。實感主義，不容小覷。（＊窪之內先生的專訪

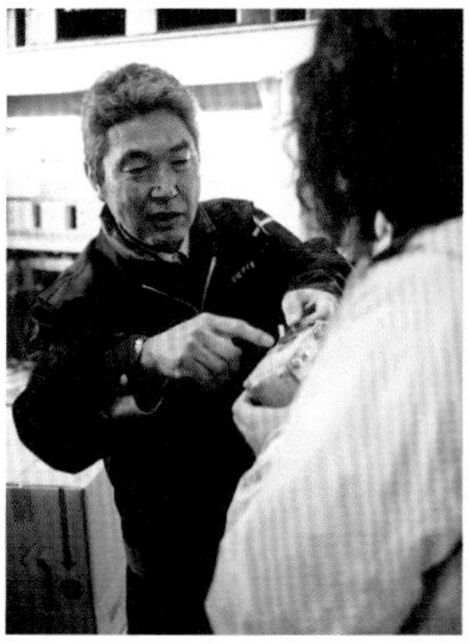

連裝瓶設備都由自己一手打造，充滿DIY精神的公司——環境大善。聽了窪之內先生的一席話，我逐漸把實感主義當作自己的判斷標準。

在常呂町從事漁業的川口洋史。他曾在俱樂部舉辦品嚐魚料理的活動，不受既定框架限制、憑藉一己感性來推廣海產魅力的作風，令人印象深刻。

濱梨通橙紅色的霓虹燈，吸引著貪杯酒客。很多在地居民至今仍和過去的同學每週聚餐小酌，這樣的人際關係令人欣羨。

見p.26）

當天晚上，我們在紋別的濱梨通，和一群拓郎找來的在地朋友吃飯。北海道才吃得到的新鮮食材陸續上桌，每一道菜都好吃，讓人讚不絕口，但最讓我驚訝的是鮭魚卵的吃法。桌上直接擺上好幾個裝滿鮭魚卵的容器，正感到納悶時就聽到有人說，「要是覺得東西味道太淡，就加上這個調味！」教人忍不住想吐槽，「喂！這又不是醬油！」居然把鮭魚卵當調味料來用，就連在北海道其他地方也沒聽過。我心想，這種吃法難道不會痛風嗎？一問之下還真的有人痛風，害我大笑了。

之後轉移陣地到小酒館，眾人暢飲到深夜。就連平常不太喜歡一大群人聚會的芽映也跟大家很有話聊，開心喝酒、唱歌。我也像是在他鄉遇故知，覺得很開心。

小酒館的媽媽桑目送我們走出店門時，外頭已經下起雪了。和眾人相約後會有期後，我們四人返回飯店。大家已經醉醺醺，酒喝得也不是不夠，但總覺得不想就這樣結束這晚。沒人特別開口，但大夥很有默契走進便利商店，然後每個人各買了一瓶酒。

回到飯店房間後，大家再次乾杯，但可想而知，一開喝之後我立刻失去意識。仔細想想，我今天從早上五點就開工了呢。「實在是無比精實的一天啊。」帶著這股充實的感覺，踩著搖搖晃晃的腳步上床。

Day 2

為了實現理想 沒有路就自己開拓

持續下到深夜的雪停了，第二天是個大晴天。炫目的晨曦，毫不留情衝擊我宿醉的身體。頭痛到快爆炸。距離集合時間只剩大約一小時，我用奔進醫院的心情衝進浴場。

靠三溫暖把汗水逼出來的同時，不斷在心裡默唸，「酒精～退散～」隨時汗水冒出，感覺身體的毒素逐漸抽離。至於科學上的根據，我不清楚。這時候就要倚賴我昨天剛學到的「實感主義」。走到戶外浴池，肺吸飽冷冽的空氣，頓時覺得整個身子輕快了起來，腦袋也清楚了……感覺上啦。但這樣就夠了。要相信實際的感受。一會兒之後，拓郎和土田君也來了。兩人也是一副昨晚受傷很重的模樣，彼此相視的瞬間我們都忍不住笑了。這一瞬間，讓我充分感受到與夥伴旅行的樂趣。

這天我們走訪了位在興部町的North Plain Farm。這裡的經營者大黑宏，在興部是延續四代的酪農世家，他用「Terroir」的觀念來製作乳製品。所謂的Terroir，就是利用當地風土來製作產品的概念。由於乳製品、葡萄酒，這類產品很容易受到自然環境的影響，即使採用相同的製程，也會因為土地而產生不同的味道。以掌握到風土獨特性來創造地區價值，這就是大黑先生的理念。說起來，酪農的歷史就是因為人們在不適合農作的高地或寒帶地區，為了生活而飼養家畜以取得乳肉。興部這一帶的土帶也很貧瘠，不利農作，要在如此嚴峻的環境下創造出具有獨特性的商品，大黑先生實現了靠實力決勝負。

為了實踐理想，前方無路時就靠自己的力量來開拓。面對這樣

前往North Plain Farm拜訪大黑先生。這一天雖然冷，但天氣很好，地上積雪閃閃發亮。面對淋上大量自製乳酪的極品漢堡排重擊，難以招架。

第4天來到津別，訪問道東電視台的立川先生。午餐吃了西洋軒的拉麵，好好吃啊！現在也有背包客棧了，下次想住這邊。

在斜里町買了當地的燒酎和蔬菜，搭配鄂霍次克的海鮮煮成一大鍋。親臨當地與其他人面對面，才能體會到的幸福夜晚。鄂霍次克之旅，果然總是輕易就超乎我的想像。

一路走來的人，對照之下明顯看出老是活在框架內的自己，是如此窮極乏味的人。愈聊起自己愈覺得不著邊際，內容變得好空洞。相對於一點一滴累積出具體自我形象的大黑先生，我感覺到沒有任何作為的自己愈來愈模糊。在激動與羞愧下整個人發燙，這時一口氣喝下大黑先生花了多年研發而成的鮮奶。美味到讓我再次遭受嚴重打擊。

「大黑先生的故事，真是不得了……」「嗯，真的很值得深思啊——」我們幾個對於剛剛才聽完的那番話大受感動，同時又覺得還沒完全消化，在前往斜里的路上，即使還說不出感想，至少也想分享自己內心感受到的熱情。冬季的鄂霍次克白天很短，抵達住宿地點時已經天黑了。

晚餐，我們享用在川口先生店裡買來的新鮮海產。口感彈滑、鮮味濃郁的牡蠣，還有愈嚼愈有味的深海章魚，以及肉質緊實的大顆干貝。每一種都美味到令人銷魂，四個人吃到說不出話來，只有不斷「啊！」「哇！」讚歎不已。這時，土田君說：「要是覺得味道太淡就淋上這個吃。」同時遞出一盒鮭魚卵。可惡！我還是忍不住大笑了。牡蠣配著鮭魚卵，好吃到讓我覺得就算痛風也認了。

Day 3 ——

至今也持續傳承的開拓者精神

前一晚是幾點睡的呢？大快朵頤豪華豐盛的晚餐之後，四個人討論著要如何呈現這次的採訪內容。能夠有撰稿人、攝影師、設計都一同參與、一同體驗，可以激盪出好多精彩的點子。記憶就停留在不斷冒出創意的同時，飲酒量也跟著增加。今天早上也從溫泉療法開啟一天行程，調整好身體狀態。

這一天，天氣有點陰。知床的嚴峻自然景致盡收眼底，美得令人畏懼。聳立在遠處的知床群山地勢險要，大海則是無邊無盡的深藍，在視覺上甚至有種知床半島愈是北上愈是朝「盡頭」前進的感覺。

鄂霍次克的居民常會說自己居住的地區是「盡頭」或「邊境之地」。但這些詞彙聽起來並沒有傷感的意思，反倒有股「正因為在未開之地，自己才能有一番作為」的氣概。尤其在與川口先生、大黑先生一席對談後，更確信這塊土地上至今仍持續傳承著開拓者的精神。不依循既有的作法，而是專注在這塊土地，追求適合的方式。正因為有這樣的態度與實際經驗，他們口中敘述的故事才有穩固的基礎，即使多少面對風雨，也從不動搖，讓我有強烈的崇敬。是否有一天，我也能說出如此強而有力的話語呢？

這一晚，我們住在拓郎的家鄉——北見。北見據說是燒肉之城，我這輩子第一次連吃兩間燒肉餐廳。新鮮的肉類和內臟，搭配著每間店的獨門醬汁。今天同樣啤酒喝不停。土田君和芽映則是對北見有名的「雞蛋蓋飯」深深著迷。鬆軟滑嫩的煎蛋鋪在飯上，淋上醬汁再撒點海苔粉，這麼簡單的一道料理，看起來不怎麼起眼，一吃之下卻是難以想像的美味。雞蛋蓋飯，怎麼會這麼好吃呢！真想繼續開拓更多餐廳的美食。

心滿意足的北見燒肉之夜。在煙霧瀰漫中吃到的烤內臟實在太美味！著名的雞蛋蓋飯雖然簡單，卻是其他地方吃不到的口味，讓大家深深著迷。

Day 4

不惜花費時間與心力

白天接受鄂霍次克的大自然與文化帶來的震撼，晚上和當地人一同把酒言歡，這一趟採訪旅行終於來到最後一天。第４天，我們到了津別採訪道東電視台的立川彰。（＊立川先生的專訪內容見p.50）

拓郎握著方向盤，我在副駕駛座上講個不停，土田君不時將鏡頭朝向窗外，芽映則從後座遞來零食。不知不覺，這已成了我們旅程中在車上的相處模式。每個人各自隨心所欲，卻也都感到愉快舒適。與其說是採訪小組，更像是和朋友一起旅行。

抵達津別時，看到覆蓋上一層厚厚塵土的車子時，我心想，這一趟四天三夜的旅程，我們究竟跑了多長的距離呢？從女滿別機場開始，首先到了漁夫川口先生所在的常呂，然後是環境大善所在的北見，再來是學會鮭魚卵新吃法的紋別、North Plain Farm的興部、遠眺知床群山的斜里，然後回到感受到燒肉與雞蛋蓋飯震撼的北見，最後是道東電視台的所在地津別。查了一下，這趟路途距離長達五百公里。

這時，我才實際感受到在鄂霍次克要和其他人碰面時得花上多少時間與心力。長久以來見過的那些人，一定是經過一次次長距離的奔走、碰面，才會加深彼此之間的關係。正因為如此，他們才能超越自己居住的地方，建立起更強烈的信任感。承蒙這樣的經驗，我們也有幸能讓對方像是面對老朋友一般，接納我們。這讓我再次深深體會到，生活在此地的拓郎，多年累積獲得的信任有多重大。

結束立川先生的採訪後，我們前往女滿別機場。路上曾經停下車，在農田前拍了張照片。看在他人眼中會覺得平凡無奇的汽車照片，對經過四天三夜、行經五百公里的我們而言，這是一張很特別的照片，一看到就覺得熱血沸騰。這趟旅程雖然是四人同行，但如果沒有這輛車，就無法見到任何人吧。

土田君搭乘午後的班機，我們在女滿別機場道別，我前往網走的北方民族博物館，芽映再次回到斜里，拓郎則赴廣播電台工作。隨著旅程接近尾聲，雖然有點不捨，但我們已經約好「到時要一起做版面！」因此，未來仍緊緊相繫。

幾個小時後，我和錄完廣播節目的拓郎再次會合，最後我們在機場吃咖哩飯。「唉，結束了耶。」「真的，時間一眨眼就過了。這次又敗給鄂霍次克啦——（笑）」「好開心啊。謝謝你來這一趟！」「別這麼說……」說到這裡，似乎再也沒辦法掩飾我顫抖的聲音。最後，我費盡努力好不容易表達感謝之意，才搭上了往東京的班機。

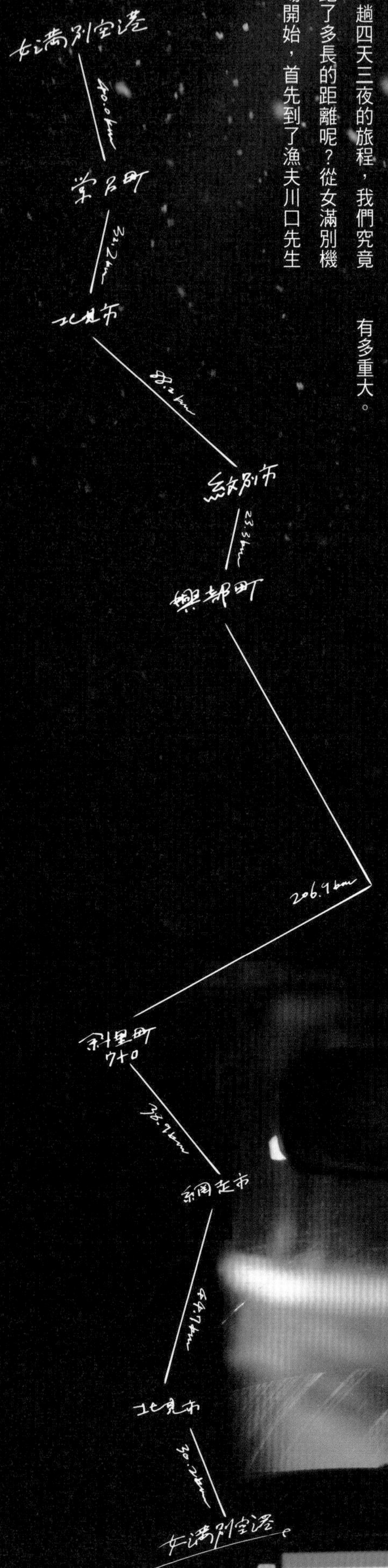

結束了前往盡頭之旅

從鄂霍次克回來之後，我在東京撰寫這份稿子。
回顧之下，發現我在鄂霍次克遇見的那些人，他們的言行舉止，看待起來都像是我對自己的提問。
我在大都市生活，身為一名自由工作者，撰寫文章。
這次讓我沉痛地驚覺，長久以來我從來沒有機會能捫心自問。
在這次的採訪，我認識了自己的本質。

每當和懷抱堅強信念不受限制的人對話時，我就深深感受到自己的膚淺貧乏。
然而，就像漁夫有漁夫的，酪農有酪農的，屬於各自打拚的場域，我也有我該奮鬥的地方。
那就是在這本導覽書之中。

呼吸土地的空氣，認識在當地生活的人們，將這次的體驗歸納撰寫成遊記，這就是我此行鄂霍次克的目的。
現在，我有個絕佳的機會能用自己的文字來寫下此刻在鄂霍次克的一切感受。
這不但是遊記，同時也是我開拓未來道路的挑戰。
我想，土田君，還有芽映，一定也有同樣的感受。
「現在輪到我們正式上場啦！我們在鄂霍次克的體驗，全都集結在本書中！」
撰寫原稿時，我始終抱持這樣的心情。
因此，到了此刻，我終於能抬頭挺胸、充滿自信大聲說。

「我們在鄂霍次克有一場這麼精彩的旅程！」

衷心感謝提出邀約的拓郎，以及旅程上結識的各位。
我們一定會在鄂霍次克再相見！

20 Back 17

OBIHIRO

TORINOS

SHARE APARTMENT

Vintage Style House

帶廣共享空間

誰只要有人在，就覺得安心

原先當作宿舍使用的建築物，經過全新翻修，在2018年變身為共享生活空間與共享工作空間。在這個經常看到松鼠出沒的悠閒住宅區之中，分隔出以白色為基調、感覺沉著穩重的房間。另外，也提供短期入住或過夜住宿。在大型共享空間中認識到新朋友的體驗，這也是「TORINOS」的日常。

約3.5坪的房間。也可短期入住。

另備有供過夜住宿的房間。
可以當作旅行的據點。

地址：北海道帶廣市西15条南41丁目10番地26
交通資訊：JR帶廣站車程10分鐘
農業高校正門北前公車站步行1分鐘
共3樓41房（3樓為女性專用樓層）
另有公用大廚房、大客廳
http://torinos.life/

TOKACHI

「新意」，
是萌芽的土壤。

耕作。生長。收穫。運送。

在這樣的循環中，

散播出許許多多的種子。

朝向青空，

又有許多故事萌芽。

十勝

連結道東的120個地點

道東120

Photo:Kazushige Nozawa Text:Yuta Aramizu Design:Shogo Sato

01. 讓駕車兜風變得有趣的十勝美景

十勝的田園・日高山脈・霧冰

從一個町到另一個町，光是移動就得花上1～2個小時。雖然移動時間很長，但在十勝地區也能充滿樂趣。因為，首先映入眼簾的就是無邊無際的田園風光。在隨著季節變換表情的十勝田園，可以從中看出農家日常付出的心血。另外，連結南北的日高山脈，是在地居民的心靈象徵。尤其冬天空氣清澈時，在晴空中會看到山頂覆蓋白雪的美麗景致。只有氣溫極低的冷冽時刻，才看得到草木上結冰的「霧冰」現象，美到令人屏息。

02. 食材的美味造就點心的美味

十勝甜點

麵粉、砂糖、雞蛋等等，這些製作甜點不可或缺的優質食材，十勝一樣也不缺。來到有甜點王國之稱的十勝，絕對少不了甜點大閱兵。除了人人熟知的名店總店之外，還有很多長年來廣受當地居民喜愛的甜點。

INFORMATION

① 三方六（柳月） ② 晚成奶油夾心餅乾（六花亭） ③ 烤甜薯（Cranberry） ④ 甜甜圈（朝日堂） ⑤ 乳酪蛋糕（一厘） ⑥ 大判燒（高橋饅頭店） ⑦ 中華饅頭（菓子正岡）

03. 漫步在寬廣田園中，新型態的休閒活動

農場遠足（Itadakimasu Company）

平常無法自由進入的十勝田園，在嚮導說明之下散步的行程，這就是「農場遠足」。最令人期待的是在農田裡現採農作物，而且還能當場品嚐！不但能學習飲食知識，還能欣賞到非日常的景致。

INFORMATION

✆ 0155-29-4821　🕘 9:00～17:00　㊡ 不定期公休
http://itadakimasu-company.com/
＊農場遠足的舉辦地點會因季節而異。請事先去電詢問，或是透過官網預約。

04. 在自家品嚐外燴壽司

極樂壽司

曾在東京大展身手、經驗豐富的壽司師傅經營的壽司屋，專營到府外燴。除了可體會師傅在面前捏製的臨場感，更棒的是品嚐美味新鮮的魚料。只要試過一次，一定會上癮，享受超級奢華的時光。除了在家中，更推薦有戶外活動的場合。只要5人以上就能預約，而且十勝轄內都無須另收交通費！

INFORMATION

✆ 090-7939-4694　🕘 完全預約制（5人以上～）　㊡ 不定期公休

TOKACHI AREA LIST

06. 伴隨馬匹腳步聲來乾杯
馬車BAR

在由比純種馬更高大一點的「賽馬」拖行的馬車中，可以喝著在地的精釀啤酒，一邊欣賞夜晚的帶廣街頭。負責拉馬車的「武藏駒」，是全球唯一在帶廣舉辦的「雪橇賽馬」中引退的馬匹。

SHOP DATA

北海道帶廣市西2条南10丁目20-3　✆ 0155-20-2600（HOTEL NUPKA）
◷ 出發時間18:00、19:00、20:00 一天3個梯次　㊡ 每週三、四、日
http://bashabar.com

05. 遊客與當地居民交集的街區生活
HOTEL NUPKA

飯店裡有間很舒服的咖啡廳，毫無疑問是一處與十勝居民交流、獲得資訊的好地方。這棟歷史悠久的建築物經過翻新，館內環境舒適，NUPKA自家釀製的精釀啤酒，以及使用在地食材的美食，都深具吸引力。

SHOP DATA

北海道帶廣市西2条南10丁目20-3　✆ 0155-20-2600　◷ 咖啡廳 7:00～23:00
㊡ 無公休（飯店、咖啡廳全年僅休12/31、1/1）
http://www.nupka.jp/

08. 帶廣街上的新風景・戶外滑冰場
TOKACHI ICE PARK

僅限冬季的帶廣站前免費滑冰場。可以當場租借溜冰鞋，廣受當地居民及觀光客的喜愛，到附近辦完事情還能順便滑場冰。看到當地居民人人都能在冰上行動自如，不難了解為什麼這裡能孕育出多位競速滑冰的金牌選手。

SPOT DATA

北海道帶廣市西2条南11丁目
◷ 12月下旬～2月下旬左右 13:00～19:00（週六、日及國定假日10:00～19:00）
＊開放時間會因天候變動　㊡ 無公休（僅休12/31、1/1）
Instagram : tokachiicepark

07. 支持充滿挑戰的新創事業空間
LAND

位於帶廣站前的新創支援空間。可以多人一起工作、開會，因此常有地區內外各行各業的人聚集在此。由十勝財團營運，目的是為了支援十勝在地的新興商業企劃及創意實現，也提供業務諮詢。

INFORMATION

北海道帶廣市西2条南11丁目12番地1 天光堂大樓1樓　✆ 0155-67-7895
◷ 10:00～20:00（週六10:00～17:00）　㊡ 週日及國定假日公休
http://land.or.jp

10. 店區面積全日本第一！！的麵包店

滿壽屋商店「麥音」

創業於1950年，深受在地居民喜愛的老字號麵包店。雖然日本國產小麥不適合用來製作麵包，但該店仍與農家合作，達成以100%十勝產小麥製成的麵包。「麥音」在廣大的庭院裡還有小麥田，以麵包店店區的面積來說堪稱全日本第一！天氣晴朗時，在戶外露台上吃麵包，是無上的享受。

SHOP DATA

北海道帶廣市稻田町南8線西16丁目43 ✆0155-67-4659 🕒7:30～19:00
㊡無公休（僅休新年前後） http://www.masuyapan.com/

09. 推出舒心美食的老字號餐廳

FUJIMORI

創業於1899年的老字號餐廳。散發出一股懷舊氣息，廣受當地居民喜愛。帶廣市民口中的舒心美食「印地安咖哩」也是源自FUJIMORI。如果遇到沒點飲料卻來了哈密瓜蘇打也別太驚訝，這是FUJIMORI最出名的附餐飲料。

SHOP DATA

北海道帶廣市西2条南11丁目8 ✆0155-26-2226
🕒11:00～21:00 ㊡週二公休
http://www.fujimori-kk.co.jp/fujimori/

12. 從日常食品到禮品，應有盡有

Hapio

「正因為只有一間店鋪才做得到。」Hapio積極採納每一名員工的意見，店內包括從在地到來自全日本的商品，應有盡有，完全不像一般超市。尤其鮮奶、乳酪、納豆、豆腐，品牌選項之多，非常驚人……。逛上幾個小時都不成問題！

SHOP DATA

北海道河東郡音更町木野大通西7丁目1 ✆0155-31-2141
🕒10:00～21:00 ㊡無公休（僅休1/1、1/2）
http://www.hapio.jp/

11. 在講究的空間裡享用極品咖哩

ELEPHANT IN THE ROOM

看起來以為是生活雜貨店……其實是知名咖哩餐廳。曾到世界各國旅遊的店主，將精選生活雜貨放在店內擺設，在這裡可以吃到多達超過15種香料特調的極品咖哩。伴著悠揚的音樂，聽聽店主的旅遊趣聞也是一大享受。

SHOP DATA

北海道帶廣市西2条南1丁目18 ✆0155-29-2463
🕒11:00～17:00 ㊡週日、第2週一公休
http://elephant-in-the-room.shop/

14. 來到這裡，隨時都有「流行」

Green 商會

在沒有多餘裝飾的倉庫裡，擺滿了各式小雜貨與家具。因為相信老闆的眼光，不少新開的店鋪都到這裡來選購家具。老闆累積多年經驗，對時代的流行敏銳掌握，光和老闆聊天也很愉快。

SHOP DATA

北海道帶廣市大通南2丁目12 ✆0155-25-2000
9:00～18:00 ㊡無公休
http://ameblo.jp/green-shoukai/

13. 能找到喜愛用品的商店

Sno 生活用品

靜靜佇立在音更町住宅區的小店，裡頭只有店主喜愛的商品，出自北海道內外的創作家之手。除了器皿、飾品，還有很多日常的生活雜貨。就算沒有特定要找的東西，也會想繞過去逛逛的店。另外也有販賣咖啡豆。

SHOP DATA

北海道河東郡音更町木野大通西1丁目8 ✆0155-66-6083
13:30～18:00 ㊡週日～週三公休
http://sno-kurashi.com/

16. 蘊藏在蝦夷鹿皮商品中的精神

EZO LEATHER WORKS

長谷先生從鹿隻狩獵、解剖、鞣皮、商品開發到經營店鋪，全都自己一手包辦。在自行打造的工作室兼店面的空間，還有店內陳列的商品，全都蘊藏著長谷先生的精神與品味。裡頭有著從珍貴的生命到交付於他人手中的故事。

SHOP DATA

北海道中川郡池田町字清見163丁目12 ✆0155-78-7256
11:00～17:00 ㊡不定期公休
http://ezoleatherworks.com/

15. 店內滿是賞心悅目又實用的商品

Pastoral

這間位於帶廣的生活雜貨店，以「改善日常生活、讓人跨越時代深愛的好東西」為理念，店內陳列的全是兼具設計感與實用性的優質商品。從餐具、家具、服飾、書籍等，全都是經過店主精挑細選，為十勝地區提升更高的生活品質。

SHOP DATA

北海道帶廣市西1条南4丁目14番地1 ✆0155-40-9075
11:00～19:00（週日、國定假日～18:00） ㊡週四公休
http://pastoralobo.base.shop/

17. 在凍結湖面上突然出現的雪與冰聚落

然別湖 Kotan

在凍結的湖面上有一排以雪塊堆積出的特殊建築物「冰屋」。其中有咖啡館、酒吧，以及表演廳，也算是可以體會「受凍」的空間。然別湖在夏天有很多珍貴的野生動植物棲息，還能享受釣魚以及野外導覽之樂。

SPOT DATA

北海道河東郡鹿追町北瓜幕無番地　✆0156-69-8181
🕑1月下旬～3月中旬左右
http://kotan.jp/

18. 實現牧場主人母親夢想的地方

佐倉 cafe

這間咖啡廳實現了酪農一家支柱的母親夢想。在這裡可享用使用季節食材，隨興更換菜色的午餐，以及用牧場鮮奶製作的優格。此外，還有牧場體驗行程，可實際體會酪農的工作。

SHOP DATA

北海道河東郡士幌町字中士幌東7線118-2　✆0156-47-7780
🕑午餐11:30～14:00（最後點餐14:00）咖啡廳11:30～17:00（最後點餐16:30）
㊡週一、二、三公休

19. 用心款待最具魅力

糠平溫泉鄉 中村屋

「當地居民也想特地來住的旅館。」這句話用來形容中村屋最貼切。以DIY改裝的館內，舊木材與舊道具很有品味地共存。在這裡可以嚐到用火缽烘烤的洋芋片，以及當地食材製作的料理，讓人充分體會到用心的款待。

SPOT DATA

北海道河東郡上士幌町字糠平源泉鄉南區　✆0156-44-2311
🕑當日入浴7:30～10:00、14:00～20:00　㊡不定期公休
http://nukabira-nakamuraya.com

20. 年輕獵人經營的旅社

GuestHouse Gimanchi

這裡由一對夫婦經營，當初他們為了實現狩獵生活的夢想而移居到此地。表面上是日本傳統老屋一板一眼的氣氛，老闆夫婦卻是非常悠閒自在的感覺，讓人忍不住想待久一點。想到足寄享受一趟深度之旅，就務必在Gimanchi留宿一晚！

SPOT DATA

北海道足寄郡足寄町西町2丁目4-7　✆080-4504-8641
http://www.gimanchi.com/

22. 讓十勝日常更有趣的夫妻二人組

Team YumYum

Team YumYum這對夫妻，用可愛的插圖「五十音表」來呈現十勝的經典下酒菜，另外也用這些插圖來設計筆記本，推出許多別出心裁的商品。除了從觀光客的角度來讓十勝日常更有趣之外，平日也從事編輯、插畫的工作。

PROFILE

山本學．山本繪里奈　四處旅行同時居住在北海道十勝的編輯＆設計二人組。推出過五十音表、日曆、插畫地圖、雙六棋等讓日常生活更有樂趣的創意商品。
http://www.tyy.co.jp

21. 大自然帶來的寒冰珠寶

Jewelry Ice

覆蓋十勝川的冰塊流到太平洋，被沖上出海口大津海岸的冰塊因為陽光照射下閃閃發光的美麗自然景象。必須要有十勝的嚴寒，加上大河之母「十勝川」共同產生的神祕自然。只有在各項條件配合時才能見到的絕美景致。

SPOT DATA

十勝川河口．大津海岸（北海道中川郡豊頃町大津）✆ 015-578-7272（豊頃町觀光協會）🕘1月中旬～3月上旬左右　http://www.toyokoro.jp/jewelryice/
＊由於鄰近住宅區，請勿打擾到當地居民。

24. 在道東更加享樂的法寶

Vantrip－露營車出租－

這項露營車出租服務，讓遊客能夠借用道東壯麗的景觀，把自己喜歡的地點當作是客廳。在道東，有遼闊的天空、寬廣的道路，堪稱是享受露營車之樂的最佳地點。只要在北海道內，各地都可派車，在帶廣機場與帶廣車站還可免費派車。

INFORMATION

北海道河西郡更別村字更別南一線93-38　✉ info@vantrip.jp
🕘9:00～19:00
http://vantrip.jp/

23. 產生連結的場所

十勝熱中小學校

每個月固定1～2次，來自全國各地各行各業人士擔任講師，彼此學習的成人講堂。每期有超過100名的學員，小組活動也非常頻繁熱絡。此外，住宿及食堂等硬體設施完備，能讓旅客及當地居民充分交流，即使只是路過晃晃也很有趣。

INFORMATION

https://www.necchu-hokkaido.com

25. 在森林中享用舒服的蔬食料理

布穀鳥料理店（Kakkou 料理店）

佇立在柏樹林裡的布穀鳥料理店，推出的是大量使用當地蔬菜設計成的套餐菜色。現炊整鍋端上桌的土鍋飯，會隨著季節變換不同口味。這間放進口袋私藏名單的餐廳，想要對自己好一點的時候就想造訪。

SHOP DATA

北海道河西郡更別村字勢雄317-8 ✆0155-52-5180
🕒11:00～15:00（完全預約制、可前一天電話訂位）
㊡週日、國定假日公休，另有不定期公休
http://kakkouryouritenn.blog.fc2.com/

26. 日本首次抵達太空的民間火箭

INTERSTELLAR TECHNOLOGIES

總公司設在大樹町的INTERSTELLAR TECHNOLOGIES，這間新創公司為了實現「人人都能上太空」的目標，開發全球最低價的簡易火箭。2019年5月，成功打上在太空高度100km的火箭，引起世界矚目。接下來更大的夢想就是以大樹町為中心，打造太空產業基地。

INFORMATION

北海道廣尾郡大樹町字芽武690-4
http://www.istellartech.com

27. 體驗當地生活的旅社

house moewa

在這處民宿型的旅社，望向窗外，可將廣闊的田園、十勝地標日高山脈等景色盡收眼底。以「住起來就像在當地生活」的理念，房內還有實用的廚房與浴室。隔壁就是相當熟識當地的老闆一家人，是一處很適合體驗當地生活的中長期住宿選擇。

SHOP DATA

北海道廣尾郡大樹町萌和485-8
http://www.housemoewa.com

28. 在心曠神怡的景致中品味牧場美食

Kikuchifarm cafe

這是由菊地農場直營的咖啡廳，菊地農場在廣尾町的大自然環境中經營放牧酪農。可以品嚐到使用新鮮生乳加工製成的義式冰淇淋、霜淇淋、瑞士黃牛漢堡等美食。在店裡能眺望放牧牧場、日高山脈等美景，度過悠閒時光。

SHOP DATA

北海道廣尾郡廣尾町野塚11線8番地4 ✆01558-2-0008
🕒夏季 業時間【4月～9月】10:00～17:00（最後點餐時間16:30）食事 11:00～16:00 冬季營業時間【10月～3月】11:00～16:00（最後點餐時間15:30）食事 11:00～15:00 ㊡週三、四公休
https://kikuchifarm.jp/cafe/

GUEST PICKER
古賀詠風

身為浦幌町地區振興協力隊的一員，在沒有高中的浦幌町，主要負責的工作是支援此地高中生的區域活動團體「浦幌部」，以及推動探究學習課程。

01. 人口5,000人的小鎮交會點

TOKOMURO Lab&Cafe

位於一處善用廢棄校舍的複合設施，使用浦幌町在地食材製作料理、甜點的咖啡廳，此外還有活動空間、兒童遊戲室、共享工作空間等。在這裡，來自浦幌町內外人士的想法與表現交會，激發產生新的價值，堪稱浦幌町「新工作」的創造據點。

SHOP DATA

北海道十勝郡浦幌町常室51-1　✆0155-78-7580　🕒週一、四、五 11:30～14:00 週六、日及國定假日11:30～17:00　㊡週二、三公休
http://tokomurolab.com/　＊請先電話確認營業時間。 Photo by 梶川菜菜實

02. 由兒童催生出的有機保養品

rosa rugosa

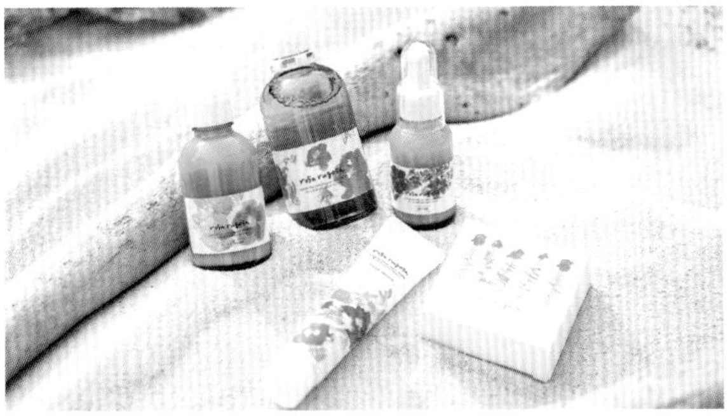

從浦幌町一群兒童的創意而產生的有機保養品品牌。使用有「Japanese Rose」之稱的浦幌產濱梨及天然成分為原料，不含化學色素，因此皮膚敏感的人或是兒童都能安心使用。這是一款充分展現「為後世子孫著想」，值得大力推薦的商品。

INFORMATION

http://rosa-rugosa.jp　✉info@ciokay.jp

03. 豪邁的燒烤畫面感覺暢快

厚內漁港 魚貝類販賣店

位於浦幌町靠近港口厚內地區漁港旁，是一間專營海鮮販售以及預約制海鮮燒烤的店家。開出預算後，由店家準備菜色，包括浦幌產的鰈魚、生章魚切片、花魚、柳葉魚、蔬菜味噌烤鮭魚等等，多種海鮮大快朵頤。掌廚的是一對熱心夫婦，兩人之間的互動也很逗趣。

SHOP DATA

北海道十勝郡浦幌町厚內1条通3-17-1　✆0155-78-2928
🕒需事先詢問（5月1日～12月30日）

04. 由返鄉年輕人傳承歷史的餐廳

URATIE

接手了原先經營約34年後決定歇業的餐廳「浦幌亭」，在2019年重新開幕。年輕店主最崇拜的就是漫畫《ONE PIECE航海王》裡的人物香吉士，先前在船上擔任廚師，後來回到家鄉開餐廳。在這裡也吃得到道東當地美食——豬排肉醬麵，深得町民喜愛。

SHOP DATA

北海道十勝郡浦幌町北町16　✆0155-78-9396
🕒11:00～14:00、17:00～20:00　㊡週二公休
Photo by 梶川菜菜實

Alcohol

在家中乾杯!

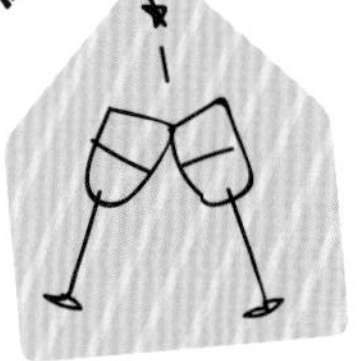

道東好喝的酒類與果汁

說到旅行最棒的……就是能喝到在當地釀製的酒類吧！
在道東，也有許多美酒。
這次由分散在道東各地的多位編輯，來推薦幾款道東在地的美酒。
另外，若有「不能喝酒～」的讀者也請放心。
還有許多非酒精飲料值得大力推薦～！
乾杯啊～！來乾杯～！

北之勝 大海

擁有130年歷史，日本最東端的酒造

「北之勝 大海」屬於辛口爽利的口味，非常易飲。一般酒除了大海之外，還有本釀造、鳳凰等三款。此外，每年會販賣一次大吟釀、純米酒、現榨酒。

碓冰勝三郎商店
北海道根室市常盤町1丁目6番地

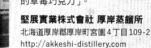

太陽色的片刻

帶著微甜，口味清爽的氣泡清酒

由創業於1919年的福司酒造釀造，以陽光照射片刻為意象的氣泡清酒。口味清爽，帶點酸味，除了日本料理之外也百搭。

福司酒造株式會社
北海道釧路市住吉2丁目13-23
http://www.fukutsukasa.jp

富良牛山的鼠兔

反映北海道風土的本格蕎麥燒酎 蕎麥風味更加深沉

使用在溫差大的新得町培育出優質蕎麥，釀造出充滿果香的蕎麥燒酎。經過長時間熟成，孕育出豐富的風味，加上清爽易飲的特色，也很受女性消費者喜愛。

SAHORO酒造株式會社
北海道上川郡新得町字新內639番地2
http://www.sahoro-sake.jp/index.htm

清里馬鈴薯燒酎 北海道清里

來自知床半島山麓 日本首款馬鈴薯燒酎

斜里岳山麓湧出的清澈水源，加上在不屈服極寒氣候的肥沃大地下孕育出的馬鈴薯，使用這些原料釀製出的本格燒酎。特色是口感柔順，帶著溫和的甜味。

清里燒酎釀造所
北海道斜里郡清里町羽衣町62番地
http://www.kiyosato-shochu.com/index.html

Alcohol & non Alcohol

十勝葡萄酒 山幸

充滿個性的葡萄酒 格外適合搭餐

來自十勝池田町的「山幸種」，特色就是繼承了父系山葡萄的草木調果香，強而有力的酸味，以及帶有野趣的風味。很適合搭配野味、成吉思汗烤肉，以及重口味乳酪。

池田町葡萄・葡萄酒研究所
北海道中川郡池田町清見83番地
http://www.tokachi-wine.com

厚岸威士忌

sarorunkamuy 伴隨著海風的威士忌

道東第一間蒸餾所，自2016年開始釀造威士忌，這款是厚岸蒸餾所的第一款單一麥芽威士忌。特殊的香氣，令人聯想到「高級的草莓巧克力」。

堅展實業株式會社 厚岸蒸餾所
北海道厚岸郡厚岸町宮園4丁目109-2
http://www.akkeshi-distillery.com

旭蘋果酒

用夢幻蘋果釀造 極北地區的蘋果酒

目前種植農家愈來愈少的鄂霍次克希有蘋果品種「旭」，有著過去令人懷念的「酸酸甜甜」，還有最近新品種少有的強烈豐富香氣。將這些特色直接製成蘋果酒推出的，就是這款商品。可以充分感受到寒冷地區才有的蘋果濃郁香氣！

鄂霍次克果園（OKHOTSK ORCHARD）
北海道北見市昭和213-3
http://apple-shinone.shop-pro.jp

non Alcohol

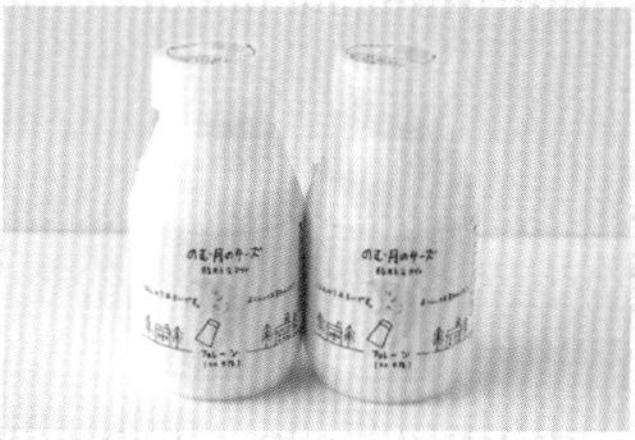

月之乳酪 優酪乳 脂肪0%

濃醇又美味♪隨手可得的乳酪

使用製作乳酪方式生產的優酪乳。淡淡甜味來自北海道產的甜菜糖。可品嚐到清爽口感中帶著濃醇後味的特殊風味。

株式會社 月之乳酪
北海道紋別郡上町札久留

十勝在地西打

更輕鬆享用十勝的美味

池田葡萄、廣尾鹽、足寄遠內多湖水藍、清水蘆筍、更別李子、本別黑豆、芽室玉米、中札內乳酪乳清、帶廣甜菜等共有9種口味，一字排開。除了直接冷飲之外，也可以搭配燒酎做成調酒，或是加冰淇淋製成漂浮蘇打，有多種喝法。

十勝在地西打研究會
北海道帶廣市東2条南5丁目1（北海道中小企業家同友會十勝分部）
http://tokachicider.jimdofree.com/

十勝夕暮可樂

使用北海道產甜菜糖的精釀可樂

使用富含礦物質且有益腸胃的北海道產甜菜糖、日本國產檸檬，以及多種香料製成的精釀可樂。以糖漿形式販售，消費者可自行加蘇打水勾兌或調成茶飲，有數不清的品嚐方式！

十勝夕暮可樂
由設計師、酪農戶等6名有志一同的成員組成的專案團隊。
http://www.kiyosato-shochu.com/index.html

Photo:Chihiro Nazuka Text:Yuta Aramizu Design:Shogo Sato

連結道東的120個地點
道東120

釧路

霧氣籠罩下，
看清的事物。

路燈的燈光，
照得街道朦朦朧朧。
當遠處變得模糊不清，
觸手可及的距離，
就令人感覺更加珍貴。

KUSHIRO

KUSHIRO AREA LIST

01. 進入教人大開眼界的閱讀世界！

豐文堂書店

從釧路一帶的地域史、自然及產業、日本與世界各國歷史，到詩歌、思想、藝術等，各式各樣豐富生活的書籍，從紮實內容到軟性讀物，範圍廣泛的二手書都能在這裡找到。本店還設有二手唱片區，歡迎樂迷到訪。想一頭栽進知性世界就來這裡吧。

SHOP DATA

本店：北海道釧路市白金町 1 番 16 號 ✆ 0154-22-4465 🕙 10:30～18:00
＊原北大通店於 2020 年 9 月易主，更名為「古書川島」
㊡ 不定期公休　http://blog.livedoor.jp/coffeelargo/

02. 散發懷舊氣息的釧路名店

法蘭西茶館

創業於 1972 年，鎮守在釧路鬧區的老字號咖啡館。走在通往地下樓咖啡館的階梯，會覺得好像走在時光隧道裡。用各式水果和鮮奶油豪華妝點的巧克力聖代堪稱極品。至於杏仁奶昔、熱橙汁，都是很受歡迎的隱藏版品項。

SHOP DATA

北海道釧路市末廣町 5 丁目 5 番地　✆ 0154-22-9666
🕙 11:00～24:00　㊡ 無公休

03. 持續超過 100 年的老店口味

浦田菓子店

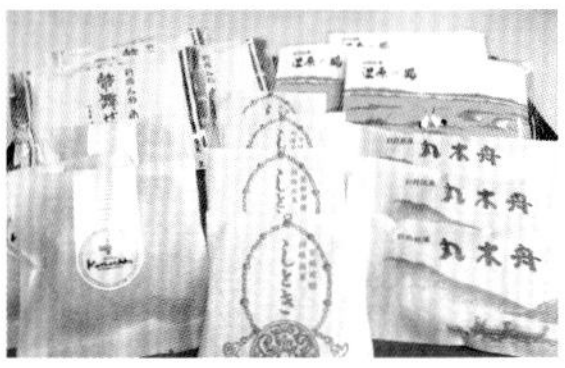

1907 年創業的老字號甜點店。為了發揮食材原味，完全不使用防腐劑，而且每一個都是以手工製作。很推薦用豌豆做的「Shitoki」，還有以味噌製成餅皮的「味噌饅頭」。其他還有很多日式、西式點心，送禮自用兩相宜。

SHOP DATA

北海道釧路市北大通 8 丁目 1 番地　✆ 0154-22-3565　🕙 9:30～18:10
㊡ 週日公休　https://itp.ne.jp/info/013766971000000899/

04. 悠閒享受一個人的舒適時光

喫茶 Bolounge

位於末廣鬧區邊緣、亮起微微燈光的小咖啡館。店內散發著些許懷舊且安穩的氣氛。除了特調咖啡之外，還有多款飲料。其他隨著季節變換的甜點也很推薦。

SHOP DATA

北海道釧路市末廣町 3 丁目 2-17　✆ 0154-45-1203　🕙 14:00～24:00
㊡ 週日、四公休　Instagram : bolounge.coffee / Twitter : @Bolounge

06. 瀰漫辛香料香氣的獨棟樂園

一軒屋 咖哩 古民

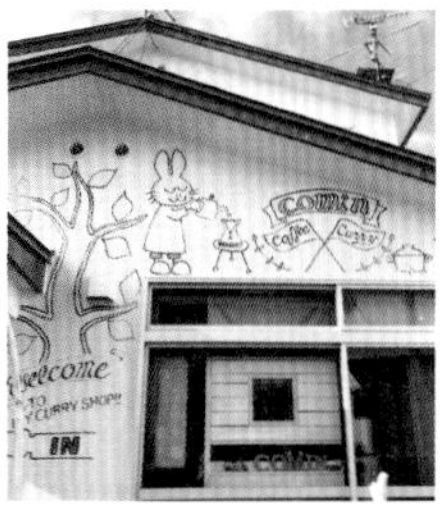

店主當初因為調職來到釧路，受到開心的生活深深吸引，2014年移居到釧路，開了這間咖哩餐廳。加入牛蒡、生薑調味的無水咖哩堪稱一絕。店內放的書本、播放的音樂保證都會讓人雀躍不已。最愛講「喜歡卻不拿手」這句話的老闆，和他聊天也超有趣！

SHOP DATA

北海道釧路市富士見3丁目3-15 ✆090-9431-8308
🕒11:45～15:30（晚間不定期營業 19:00～21:30） ㊡週一、日及國定假日公休
Instagram : comincurry

05. 可恣意享受葡萄酒

DEMINAMI

以「日常葡萄酒及配菜」為主題，只有吧台區的小餐廳。具備侍酒師資格的店主，自行進貨價格實惠又簡單好喝的葡萄酒。在店內可以作畫、創作音樂，是個能夠充分享受的空間。

SHOP DATA

北海道釧路市榮町4丁目11-11 ✆090-6997-7934
🕒18:00～24:00 ㊡週一公休 Facebook : deminami.wine

08. 在舒適的節奏下稍事歇息

RHYTHM

2007年開幕時取名為「amicafe」，2014年更名為「RHYTHM」。在每天不斷變化下，目前以CAFE形式營業，提供每週更換菜色的午餐，還有咖啡及自家烘焙點心為主。希望RHYTHM的節奏能和你的節奏完美合拍。

SHOP DATA

北海道釧路市鳥取大通8丁目7-27 ✆0154-52-5544
🕒10:30～18:00（最後點餐17:00） ㊡週日及國定假日公休
Instagram : rhythmkushiro

07. 烘焙甜點、咖啡、愛與和平

糸

2014年開幕，專賣烘焙甜點與咖啡。不用白糖、乳製品及蛋製作的司康、蛋糕，吃進嘴裡感覺對身體很好。甜點都可以外帶。這是一家勇於面對飲食、面對人生的店家。

SHOP DATA

北海道釧路市住吉1丁目9-12 ✆090-7644-1609 🕒10:30～17:00
㊡週一及第2、4週日公休 Instagram : itosince2014

09. 老字號蕎麥麵店的綠色蕎麥麵令人震驚！

竹老園 東家總本店

自明治時期營業至今的釧路蕎麥麵老店。入口滑順的綠色蕎麥麵，就是起源於本店。其他像是「蕎麥麵壽司」、「柏麵」等獨創的菜色，深受在地居民及觀光客的喜愛。成為當地地標的莊嚴建築物，還有賞心悅目的庭院。過去昭和天皇也品嚐過的釧路名產，請大家務必試試！

SHOP DATA

北海道釧路市柏木町3丁目19番地　✆0154-41-6291　🕒11:00～18:00
㊡週二公休　http://chikurouen.com/

10. 吃碗清爽細麵的釧路拉麵大滿足

拉麵屋 夏堀

創業22年。一碗拉麵使用釧路最好的極細麵（不含蛋）、散發柴魚風味的清爽高湯，配料是由釧路產阿寒豬製成的軟嫩叉燒，也是店家引以為傲的傑作。拜常客之賜，這間店深受全日本顧客喜愛。受歡迎的祕訣就在於店內舒適自在的氣氛，彷彿置身自家！

SHOP DATA

北海道釧路市春日町4丁目3番地　✆0154-35-3812
🕒11:00～15:00、17:00～20:00（平日僅午間營業）　㊡週三公休
https://www.kushiro-natsubori.com

11. 品嚐閃閃發光的新鮮海鮮！

小釧食堂 濱町店

一大早就營業，可以吃到使用新鮮捕獲的魚料製作的定食、蓋飯。最熱門的海鮮蓋飯，有6種魚料盛滿一大碗，讓人大大滿足。店內也能購買海產外帶，尤其油脂豐厚的「釧鯖」最受歡迎。想品嚐釧路的海鮮一定要來這裡！

SHOP DATA

北海道釧路市濱町3番18號　✆0154-25-1117　🕒7:00～15:00　㊡週日公休
https://www.sennosuke.net/

12. 宛如祭典般熱鬧的迴轉壽司

創作迴轉壽司 祭典屋 新橋本店

以讓顧客享受祭典般愉快用餐時光為理念，使用道東、北海道當地食材為主，另外也從本州各地採買新鮮魚料，店內菜色相當豐富。另外，從米、壽司醋、醬油等材料也都很講究。

SHOP DATA

北海道釧路市新橋大通1丁目1-19　✆0154-21-6777　🕒11:30～22:30
㊡除了1月1日之外其他不定期公休　https://kushiro-matsuriya.co.jp/

14. 地區夥伴聚集的釧路介紹所
HATOBA nishikimachi

位於釧路市中心，室內有鏡面球飾的共享工作空間。釧路的在地媒體「FIELD NOTE」的編輯室，以及球類遊戲劍玉商店「THE GAME STAND HYGGE」都設置在此。

SHOP DATA

北海道釧路市錦町5丁目1錦町YUTAKA大樓2樓 ✆0154-23-9458（FIELD NOTE） 🕘〔HATOBA〕10:00～18:00（預約制）〔HYGGE〕18:00～24:00（週日12:00～20:00） ㊡週一公休 Facebook：HATOBAnishikimachi

13. 造訪守護港町．釧路的神明
釧路國一之宮 嚴島神社

創立於江戶中後期，過去屬於縣社的釧路國一之宮。以守護港町的海神市杵島姬命（弁天大神）為主祭神，另有七柱神鎮座。除了昭和天皇之外，諸多皇室人士也都前來參拜過，是長久以來供奉釧路氏神的神社。

SHOP DATA

北海道釧路市米町1丁目3-18 ✆0154-41-4485 🕘9:00～17:00 ㊡無公休 http://kushiro-itsukushimajinja.com

16. 尋找專屬自己喜愛的眼鏡
Lente

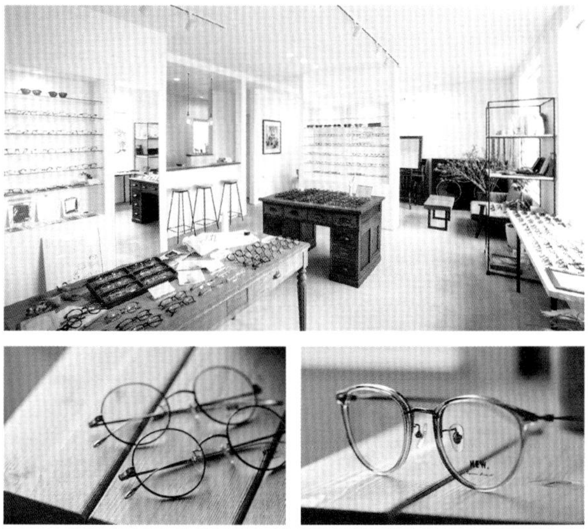

位於新釧路川畔的眼鏡行。店內有講求高機能性，或是設計感，各式各樣富有特色的眼鏡款式，應有盡有。可以依照自己的需求慢慢挑選，或是和店主討論，請對方配合自己的臉型推薦。另外，店內也有最適合送禮的香氛用品。

SHOP DATA

北海道釧路市昭和中央1丁目39-8 ✆0154-65-6320 🕘11:00～20:00 ㊡週四公休 https://www.lente-opt.com

15. 充滿笑容的共享型店鋪
en. shareplace

位於釧路的特殊共享型店鋪。目前有5間店鋪，活力十足經營中。包括生活雜貨店、麵包教室、麵包店、泰式古法按摩、占卜、花藝教室、乾燥花、服飾、半客製包包等，琳瑯滿目，饒富樂趣。

SHOP DATA

北海道釧路市鳥取大通3丁目20-16 ✆0154-45-1085 🕘各店鋪的營業時間不同 ㊡不定期公休 https://en-shareplace.com/

17. 與蠟燭共度的沉靜時光

LIGHT KOW

以釧路為據點，在這裡製作、銷售的蠟燭工作室。從柔和的色調，到多彩的設計，蠟燭的款式相當豐富。另外，挑選自己喜愛的蠟來融化製作，體驗 DIY 的蠟燭工作坊也廣受歡迎。推薦到店挑選自己喜歡的一款，試著點燃看看。

SHOP DATA

北海道釧路市材木町 9 丁目 28 番地　🕒 預約制（不定時開放自由入店）
㊡ 不定期公休　Instagram : lightk0w

18. 感受生活中搖曳的 himmeli

toivoa

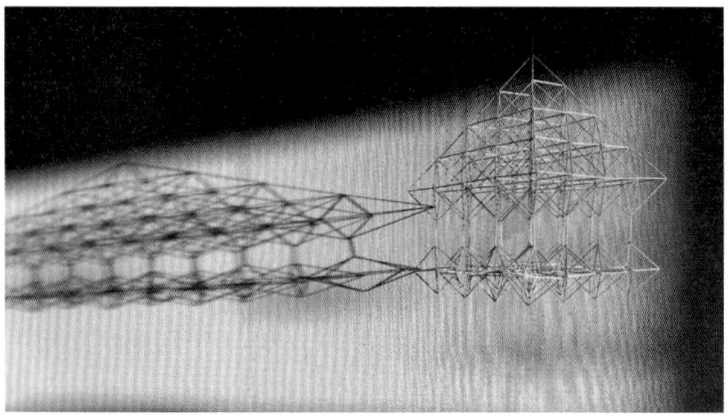

這間工作室，專門製作芬蘭的傳統飾物，「天飾」（himmeli）。這是用細線綑綁麥桿製作而成。店名「toivoa」這個字，在芬蘭語中代表了「祈禱」的意思。以鶴居村和釧路市山花為據點，使用從種子栽培的黑麥。推薦想在日常中有天飾陪伴，讓生活更豐富的你。

INFORMATION

販賣地點：send（RHYTHM 2 樓）
工作坊：Instagram 上隨時更新資訊
Instagram : himmeli_toivoa

19. 其實沒有養雞

Guest House 咕咕咕

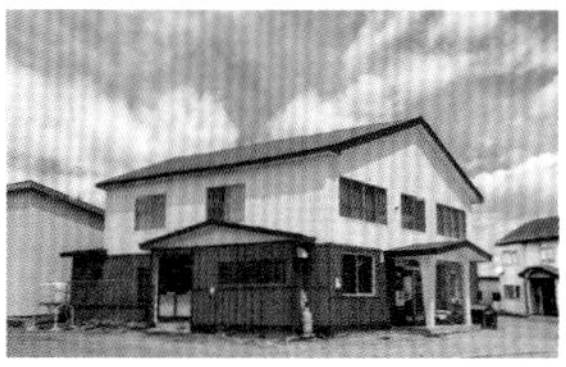

位於釧路市阿寒町，由原本屋齡 70 年的老旅館翻新而成。在這裡可以和在地人一起用餐，或是幾位房客交換旅遊資訊，很推薦在客廳度過一段悠閒時光。距離釧路機場與阿寒交流道都很近，作為道東觀光入口前往知床、摩周湖等地也很方便！

SPOT DATA

北海道釧路市阿寒町新町 2 丁目 4-33　✆ 090-6442-2433（訂房、洽詢專用）
㊡ 新年前後及不定期公休　http://www.gh-kokekokko.com/
＊目前停業中

20. 親身感受傳統藝術的震撼力

阿寒湖阿伊努劇場

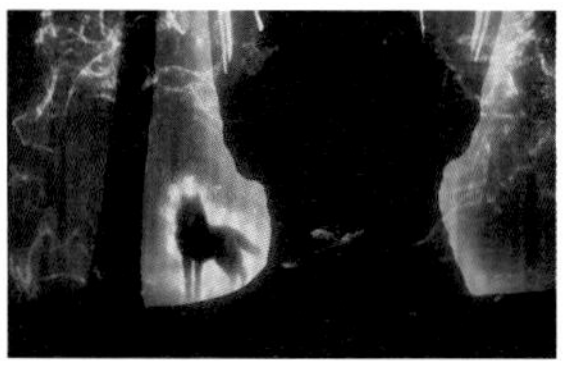

在這個劇場內，可以觀賞受到國家重要無形民俗文化財以及聯合國世界無形文化遺產認定的「阿伊努古式舞蹈」等演出。在各領域備受矚目的創意人聚集一堂，以數位藝術結合阿伊努古式舞蹈展現的阿寒民族英雄故事「Lost Kamuy」也深獲眾人喜愛。

SPOT DATA

北海道釧路市阿寒町阿寒湖溫泉 4 丁目 7-19　✆ 0154-67-2727
🕒 11:00～21:40　㊡ 不定期公休　https://www.akanainu.jp/
＊各項演出的公演時間不同。演出日程表請上官網確認。

21. 只有在這裡才品嚐得到的純正在地美食

民藝喫茶 Poronno

在阿伊努聚落才會有的小店，可以品嚐到阿伊努在地和其他創意料理。使用阿寒地區自然食材製作的菜色，口味樸實卻令人感到舒心。推薦用鮭魚、蔬菜、菇類一起做的「鮭魚套餐」，還有能品嚐到當季食材的「potce 披薩（以發酵馬鈴薯製作餅皮）」。

SHOP DATA

北海道釧路市阿寒町阿寒湖溫泉4丁目7-8 ✆0154-67-2159
🕒12:00～15:00、18:30～21:00（冬季期間需事先訂位） ㊡不定期公休
https://www.poronno.com/

22. 在衝擊力十足的下游歡聲尖叫

BLACK☆RIVER

可以體驗在道東阿寒川與釧路川順流而下。有流速湍急的阿寒川泛舟行程、順著清流緩緩而下的釧路川源流行程，還有在壯觀的大自然環境中遇見各種動物的釧路川濕原行程等等，各有不同樂趣。挑選自己喜愛的行程，盡情享受吧！

SHOP DATA

北海道釧路市阿寒町西阿寒町20線28-7 ✆080-1867-9696
🕒9:00～17:00（清晨時段另行洽詢） ㊡無公休（冬季休業）
http://blackriver.boy.jp ＊採現場集合，現場解散。

23. 划向另一個世界

釧路 Marsh & River

想要在釧路大自然環境中體驗獨木舟就要來這裡。悠游蜿蜒在釧路濕原國家公園之中的釧路川、從細岡展望台眺望開闊的景致。想不想試試划著獨木舟體驗這些呢？身處在濕原之中、遼闊天空之下，四周的空間沒有任何人工音效。觸眼所及全都是從沒見過的景致。

SHOP DATA

北海道釧路郡釧路町字TORITOUSHI 88-5 ✆0154-23-7116
🕒8:00～19:00 ㊡不定期及新年前後公休 http://www.946river.com

24. 眺望象徵釧路的濕原

細岡展望台 －細岡 VISITORS LOUNGE－

這處設施緊鄰可眺望釧路濕原的細岡展望台，訪客來到這裡可以稍事輕鬆歇息。館內擺飾了許多濕原風景及花朵的照片，另設有提供輕食與飲料的空間，也可以購買伴手禮。到展望台欣賞濕原過後，可以到此享受片刻的悠閒。

SHOP DATA

北海道釧路郡釧路町字達古武22番地9 ✆0154-40-4455
🕒9:00～17:00（4～5月）、9:00～18:00（6～9月）、9:00～16:00（10～11月）10:00～16:00（12～3月） ㊡新年前後（12月31日～1月5日）公休
https://hosooka.hp.peraichi.com/main

26. 欣賞一側的海景暢快駕車兜風

北太平洋海岸線（厚岸 - 霧多布路段）

北太平洋海岸線，指的是從廣尾町到納沙布岬之間沿海超過 300 公里的路段。在厚岸到霧多布之間，有不少誕生戀愛故事的地點。涙岬的外型像個少女，據說是女孩失去心愛的青年之後成了岩石，另外也有「少女之涙」的別名。在海中孤伶伶矗立的岩石，有人說看起來像是想要朝女孩走去的年輕人。這段駕車在道東兜風的路程上，可以一邊欣賞斷崖峭壁的絕景，還有太平洋海面上浮現的奇岩。（photo by Coju Hemmi）

25. 盡享厚岸的海鮮！

厚岸漁業協同組合直營店 A-uroko

由厚岸漁業協同組合經營的厚岸產海鮮直營銷售點。除了風味豐富的牡蠣，這裡也能買到全北海道產量最多的大顆海瓜子。此外，店裡也有內用空間，可以當場品嚐新鮮海產，大快朵頤！每個季節還會舉辦各項介紹時令海鮮的活動。

SHOP DATA

北海道厚岸郡厚岸町港町 5 丁目 3 番地　✆ 0153-52-0117　◷ 10:00～16:00
㉁ 每週三、四、日　https://www.a-uroko.or.jp

28. 眺望霧多布濕原的最佳地點

琵琶瀨展望台

位於霧多布濕原南側台地的展望台。可以眺望前方的霧多布濕原以及流經其中的琵琶瀨川。至於海岸一側，可看到濱中町奇岩之一的窗岩。從春季到秋季有各式各樣的花朵綻放，在這裡，能夠欣賞到明顯變化的霧多布濕原多樣表情。

SPOT DATA

北海道厚岸郡濱中町琵琶瀨　濱中町役場
https://www.townhamanaka.jp/kankou/kankouchi/2017-0226-1503-13.html

27. 視當下的心情來挑選花朵

flower shop 青花

位於厚岸町真榮町 1 条通，於 2019 年開幕的花店。深藍色的門簾非常醒目。店內常有種類豐富的切花，在以灰色統一的牆面襯托下更顯美麗。每個季節都有特殊的花材，可請店員幫忙挑選組合，或做成花束。另外，也可以訂購小盆栽或觀葉植物。

SHOP DATA

北海道厚岸郡厚岸町真榮 1 丁目 246 番地　✆ 0153-68-9141　◷ 9:00～18:00（週日及國定假日～17:00）　㉁ 週一公休　http://greenjlife.sakura.ne.jp/seika/
＊可能因送貨關係店內暫時無人，建議到店前先電話詢問。

30. 色彩鮮豔的午餐與蛋糕

森林玄關

位於JR川湯溫泉站前，將昭和初期的建築物重新裝潢而成的咖啡館。店內提供北海道產的在地食材，有使用當季水果製成的甜點，使用當季蔬菜做的三明治。此外，也舉辦很多像是現場演唱或市集等活動。

SHOP DATA

北海道川上郡弟子屈町川湯站前2丁目 ✆0154-83-2906
🕒9:30～18:00（冬季9:30～17:00） ㊡週一、二公休
Instagram : morinohall / Facebook : kawayumorinohall

29. 多年來深受顧客喜愛的摩周豬肉蓋飯

食堂與喫茶 poppotei

在摩周湖、出湯之町，以及弟子屈町的JR摩周站前都有分店的餐廳。不少人遠道而來都是為了店內最有名的「摩周豬肉蓋飯」，也深得外國觀光客的喜愛。用餐之餘，還能享用店家自製甜點及香醇咖啡，無論用餐或喝飲料都能度過一段愉快時光。

SHOP DATA

北海道川上郡弟子屈町朝日1丁目7-18 ✆0154-82-2412
🕒夏季10:00～20:00（最後點餐19:30）、冬季10:00～19:00（最後點餐18:30） ㊡不定期公休 https://poppotei.wixsite.com/home

32. 擅自製作真抱歉！

庫司路的搞笑鑰匙圈

這一系列是釧路市民團體「庫司路」擅自製作的新型態伴手禮。質感特殊的橡膠鑰匙圈，各式圖案讓熟知釧路的人一看就忍不住會心一笑。在市區的餐廳、禮品店都買得到。只要隨身攜帶，你也是釧路Lover！

INFORMATION

販賣地點：釧路機場、市區禮品店、網路商店 定價：1000日圓（含稅）
✆050-5326-9211 https://kusuro946.thebase.in/

31. 活力十足學習「生命」的高中

北海道標茶高校

以「學習『生命』體驗型綜合學科」為號召的高中。來自日本全國的學生學習「人」、「自然」、「飲食」，並面對各式各樣的挑戰。學校的自創品牌「Grass Land」，販售學生製作的乳製品及加工肉品。在釧路地區內外都備受矚目。

SPOT DATA

北海道川上郡標茶町常盤10丁目1番地 ✆0154-85-2001
http://www.shibecha-h.ed.jp/index.html
＊「Grass Land」產品僅在地區或學校舉辦活動時販售。

DOTO PLAYERS

道東讓道東變得更有趣的18人

西野寬明

株式會社LOGICAL代表取締役

北見

以行銷與IT為武器，在地方與都會打造沒有規定的「嶄新普通標準」來活動。無論觀光、遠距工作、餐飲規劃各個領域，什麼都做。當然，燒肉也不例外。

菊池吉史

釧路元町青年團團長

釧路

以釧路發祥地米町．南大通一帶的元町地區為據點，舉辦活動，進行宣傳。將元町打造成一個讓年輕人、有家庭的世代都會想來這裡生活的街區。

赤間有美子

Jimipan店主
en.shareplace代表 等

釧路

在北海道釧路市開設主要使用北海道小麥的麵包教室，有時販賣麵包。認為自己居住的地方要由自己打造，而不假手他人。藉著這樣的理念，在釧路市進行各式各樣的活動。

松岡篤寬

釧路Local Cycle Project代表

阿寒

利用阿寒Royal Valley滑雪場在夏季於滑雪道開設登山健行的行程，推廣登山健行，讓更多人體會到其中的樂趣。

齋藤學

標津町役場商工觀光課 係長

標津

在官民合作的推動觀光地區再造活動中負責籌劃組織／介紹在地人士的免費刊物「sipeto」製作成員／另外也在各類會議中擔任觀察員。

秋庭智也

一般社團法人寒冷地
Design Center代表理事

陸別

以全日本最冷的陸別町為據點，針對禦寒用品以及戶外用保暖衣物進行問卷調查、製作推廣影片，以及支援行銷等活動。此外，也從事鹿肉、甜點等特產商品的開發。

村田浩一郎

帶廣畜產大學人類科學研究部門副教授、一般社團法人畜大KIP理事

帶廣

在帶廣畜產大學教授體育，同時經營體操社群「畜大KIP」。致力讓從1歲到80歲的約400名會員都能體會愉快的體操及健康生活。

Samuel Nozomi Lee

影片．照片攝影師

更別

因為受到十勝的自然美景與人情味深深吸引，而將活動據點設在此地。目前到處拍攝品牌形象影片以及婚紗照。

井口舞子

根室市公所 職員

根室

立志要給根室的孩子一個充滿希望的未來，秉持屢敗屢戰的精神，保持樂觀進取從事街區再造。

籔內直美

牧場從業人員
（將成為牧場媳婦）

釧路

每天照顧牛隻、擠牛奶。另外，還會拍攝牛隻照片、栽種蔬菜、製作藍染、天飾以及獵鹿等，生活多彩多姿。

四宮琴繪

株式會社Joyzo取締COO、
合同會社Hokkaido Design Code代表等

釧路　東京

Cybozu的「地區雲端交流會」的統籌人。熱愛家鄉釧路。在建立針對中小企業的kintone同時，也努力宣傳釧路的優點，期望讓更多人喜愛釧路。

磯川大地

沙丁魚俱樂部店主

北見　東京

在北見和東京悠閒經營水煙咖啡館～！

山內一成

TASUKI LLP／LCC代表

帶廣

以「衣帶相繫」為理念，將十勝的農家與日本全國的年輕人（以大學生為主）串連在一起，推動「農業×自我發掘實習生」的企劃。可搜尋「帶廣TASUKI」！

高橋洋行

津別町役場 住民企劃課
企劃係長

津別

為了防止津別町的人口減少，致力地方創生。在津別町挑戰官民合作擴大投資的街區再造。

岩崎量示

拍照
書寫

士幌

花費15年的時間，持續用照片記錄舊國鐵士幌線遺跡殘存的水泥拱橋、丹珠別川橋梁逐漸崩塌的過程。

渡邊浩二

芽室町役場總務課行政經營係長
十勝芽室玉米炊飯地區活化協議會 等

芽室

除了在全日本甜玉米產量第一的地方以美食打造街區，其他還與十勝基礎自治體職員成立思考二十年後的組織，以及推動戶外休憩活動以宣傳世界基準的地區價值等，都是以事務局長致力推動的成果。

中神美佳

株式會社Smiles Creative本部
商務專案管理人／北海道分公司

大樹　東京

業務範圍從接受Soup Stock Tokyo等公司委託，到協助企業、行政單位等。創造出北海道最前端的價值。致力於品牌塑造、業態開發、推廣等。曾企劃十勝大百貨店、十勝大百科2020等活動。

小野寺千穗

平面設計師

釧路

出生於札幌。設計專科學校畢業後赴東京，曾任職多間製作公司，於2108年春季將活動據點移到釧路，從事地區設計及解決課題。成立虛擬酒吧「BAR妄想」。

NEMURO

即使在海的另一側，
也緊緊相繫。

從海岸線升起的旭日。

跨越國界的鳥群。

到了最東端，就會發現。

看似距離遙遠的世界，

仍然緊緊相繫。

根室

連結道東的120個地點

道東 120

Photo:Tomoki Kokubun　Text:Yuta Aramizu　Design:Shogo Sato

01. 今後環境與人類共存的生活

VOSTOK

VOSTOK在俄羅斯語中代表「東」的意思。位於日本本土最東側的城鎮——根室，一般社團法人VOSTOK考量未來環境與人類共存的生活，以推動地區經濟活動為目的，舉辦各類活動，包括移居或第二據點生活的建議，以及宣傳適合環境的生活，還有企劃名產與文化交流工作坊等。

INFORMATION

一般社團法人VOSTOK　✉ vostok_nemuro@icloud.com

02. 海岸沿線的義大利餐廳

Boschetto

這間義大利餐廳位於可眺望太平洋的海岸線上，占了絕佳的地理位置。使用一整隻鄂霍次克海產的花咲蟹做出的義大利麵，令人震撼。這一道菜，吃一盤就大大滿足。此外，色彩繽紛的Boschetto沙拉，以及使用道東在地蔬菜的菜色也很推薦。

SHOP DATA

北海道根室市光洋町5丁目94　🕒 11:30～15:00（最後點餐14:30）／17:30～22:00（最後點餐21:00）　㊡每週三公休（另有不定期公休，請事先詢問）　✆ 0153-27-1931　http://blog.livedoor.jp/boschetto_nemuro/

03. 根室十景之一

落石岬

photo by 藤本智士

根室十景之一，朝太平洋突出的落石岬。走在步道上，會看到野生在最南界而指定為天然紀念物的「邊界杜鵑」。附近是一片純紅蝦夷松林，而在濕地上有著點點花朵。俯視太平洋的浪花，有很多值得欣賞的景色。北海道公路道道142號沿著北太平洋海岸線，將太平洋景致盡收眼底。可欣賞變化多端的海岸線風光。

SPOT DATA

北海道根室市落石西

04. 情享用道東的新鮮海鮮

迴轉壽司 根室花丸

這間迴轉壽司連鎖餐廳，以根室在地產的食材為主，搭配羅臼、標津、野村、厚岸等地也就是道東才有的海鮮。在豪邁熱情、活力十足的店內，享受從進貨到備料都講求新鮮的壽司。除了根室之外，在北海道地區、東京還有多間分店。

SHOP DATA

根室／北海道根室市花園町9丁目35番地　中標津／北海道標津郡中標津町南町3番3　✆根室／0153-24-1444　中標津／0153-78-8708　🕒 11:00～22:00　㊡不定期公休　http://www.sushi-hanamaru.com/

06. 發現並持續創造新生活的地方

VOSTOK labo

往返於根室、東京之間，針對飲食、生活提出企劃、宣傳的工作室。精選來自道東等地富含北方大地精華的新鮮自然食材，製作溫暖的料理與簡單的點心。

SHOP DATA

北海道根室市光和町2-10 ✆0153-24-0555 ●營業時間不定
㊡不定期公休（工作室開放日參考Instagram）
Instagram : vostok_labo

05. 根室新開的居酒屋

根室Base

2020年1月在根室市開幕的居酒屋。在這裡，老闆使用來自根室近郊的食材，美味烹調。店內可欣賞擺滿當季食材的廚房，環境舒適悠閒。位於從車站步行可達的鬧區，出差或觀光時也可造訪。

SHOP DATA

北海道根室市大正町1丁目11番地 ✆0153-20-4144
●17:30～22:00 ㊡無公休

08. 與牛隻產生新關係的旅店

背包客棧 ushiyado

這間能看到牛的背包客棧ushiyado位於有好幾處廣闊牧場的中標津町。這間由酪農戶老闆經營的旅店在2018年6月開幕，在這裡就能感受到整個中標津町的環境。體驗牧場生活，在旅店還能無限暢飲鮮奶。牧場附設的乳酪工坊製作的乳酪口味絕佳。

SHOP DATA

北海道標津郡中標津町東3条北1-4 2F ✆0153-78-2131 ●12:00～20:00
㊡無公休日（僅休新年前後） http://ushiyado.jp

07. 推出名產「全壘打燒」

板橋

最有名的「全壘打燒」，特色是甜度恰到好處的紅豆餡，以及Q彈的外皮。是一款廣受在地居民喜愛的點心，也很適合外帶。此外，還有傳統清爽湯頭的特色拉麵，共有醬油和鹽味兩種口味。

SHOP DATA

北海道根室市花咲港83 ✆0153-25-3852 ●10:00～18:00 ㊡週日公休

NEMURO AREA LIST

10. 靜靜佇立在小巷弄中的生活雜貨店

Ki.no.ie

遠離大街塵囂，置身於小巷弄裡的生活雜貨店，店內販賣的都是貼近日常生活的各類雜貨用品。像是愈用愈好用的毛巾、抹布、襪子，方便實用的玻璃杯、廚房用具等，各項精心選品都是每天用起來心情會變好的商品。

SHOP DATA

北海道標津郡中標津町東14条南2丁目1-2　✆090-6265-5030
🕒11:00～16:00　㊡週日～三公休　http://kinoie.main.jp/

09. 陳列可愛舒適生活雜貨的乾洗店

富岡乾洗店

創業70年，深受在地居民喜愛的富岡乾洗店，這間可愛的小店除了乾洗服務之外，也兼賣生活雜貨。此外，還自行開發原創週邊商品，其中奶粉罐包裝的洗衣粉最受歡迎。在中標津町有乾洗兼賣生活雜貨的兩間店，另外於札幌、旭川也有分店。

SHOP DATA

本店／北海道標津郡中標津町西1条南1丁目　🕒9:30～18:30　㊡週三公休
東武店／北海道標津郡中標津町南町3-10　🕒9:00～21:00　㊡無公休
http://www.tomioka-group.co.jp/

12. 可以長久擁有的「好衣服」

RANGE LIFE

這間位於中標津的選品店，販賣的是每天可使用的日常衣著。堅持選用日本生產的品牌，由店主親自一一挑選。不盲目跟隨流行，店內都是能經過時間考驗的「好衣服」。不僅受到中標津當地人的喜愛，也有很多來自北海道各地的忠實顧客。

SHOP DATA

北海道標津郡中標津町東5条南1丁目1 2F　✆0153-73-4173
🕒11:00～19:00　㊡不定期公休
http://www.rangelife2007.com/

11. 中標津的咖啡豆烘焙坊

ONUKI COFFEE ROASTERY

位於中標津小巷弄內的專業咖啡店「ONUKI COFFEE ROASTERY」。在明亮的店內，有大型烘豆機，可以享用美味咖啡以及烘焙點心。在這裡也能購買自家烘焙的咖啡豆。另外，還有兩隻可愛的店狗會迎接顧客光臨。

SHOP DATA

北海道標津郡中標津町東5条北2-3-4　✆0153-70-4214
🕒9:00～17:00　㊡週二公休
https://www.onukicoffee.com

NEMURO AREA LIST

13. 服務在地的大型購物中心

TOBU SOUTH HILLS/TOBU EAST MALL

在中標津町（本社）和北見市都有的大型購物中心。店內有多數高品質的在地生鮮商品，令人嘆為觀止！是一間以服務在地居民為主旨的店鋪。平日也經常舉辦對地方有貢獻，以及提供顧客參與的各項活動。

SHOP DATA

中標津／北海道標津郡中標津町南町 3-10
北見／北海道北見市端野町三區 572 番地 1
🕗 8:30～22:30　㊡ 無公休　http://www.kk-to-bu.co.jp/

14. 人與人充分互動的戶外咖啡座

UB COFFEE

將咖啡座、戶外休閒用品、花店、氣球等產品服務整合起來的複合設施。推廣每一項生活美學，把每天當作絕無僅有、值得珍惜的一天，在這裡可以欣賞鮮花、體驗戶外活動，在咖啡座互相交流，看著氣球會心一笑，所有的鋪陳都為了讓大家體會到「一輩子難忘的片刻」。

SHOP DATA

北海道標津郡中標津町西 8 条南 11 丁目 1-9　✆ 0153-72-8411
🕗 9:00～18:00　㊡ 週二公休　https://heartflower-charlie.com/ubcoffee/

15. 將獨棟房舍全面翻新

鬍子與哼歌

店主將原本的「老頑固」改名為「鬍子與哼歌」後，從札幌市搬到此地，將獨棟房舍全面翻新。少了什麼就盡量自己動手做，花了大概兩年，一點一滴把整間店打造起來。珍惜店內手工打造的一切和創意，希望能讓顧客感到舒適自在，好好放鬆。

SHOP DATA

北海道標津郡中標津町東 36 条北 1 丁目 12 番地 1　✆ 0153-70-4533
🕗 10:00～20:00　㊡ 週日、一及國定假日公休　Facebook : higetohanauta

16. 祕境溫泉旅館

湯宿第一

位於山林溪地的溫泉鄉養老牛，環境寧靜幽美的溫泉旅館。可以享用到精選當地食材的季節料理，以及來自泉源的美膚溫泉，就算不住宿，當天來回也沒問題。推薦與河川幾乎沒有間隔物的露天溫泉，可以全身躺在水中，與大自然合而為一。

SPOT DATA

北海道標津郡中標津町養老牛 518　✆ 0153-78-2131
🕗 當日入浴 13:00～15:00（16:00 離館）　㊡ 無公休日
http://www.yoroushi.jp/

17. 鮭魚聖地──標津町

標津町小川史跡自然公園

這處長達一萬年的歷史，由人類留下的大規模遺跡，是每年鮭魚逆流而上返鄉的大本營。多達4,400處的豎穴住居遺跡，堪稱全球最大規模。在這裡，除了能欣賞到保留原始風貌的小川，以及廣大濕原之外，還能感受到古代人們的氣息。

SPOT DATA

北海道標津郡標津町字伊茶仁2784番地　✆0153-82-3674
🕘9:00～17:00（16:30前入園）　㊡11月24日～隔年4月28日為冬季休園期間
https://www.shibetsutown.jp/shisetsu/art_culture/po_river/

18. 極品鮭魚料理餐廳

鄉土料理 武田

從鼻軟骨到胃囊，充分利用，以冷凍生食、紅燒、煙燻、醃漬等各種作法，享用幾乎一整尾鮭魚所有部位的全餐，最受歡迎（需事先預訂）。在這裡，可以品嚐到糸根地方的鄉土料理，以及講究創意工夫的標津季節美味，像是「標津鮭三代醃漬蓋飯」等料理。

SHOP DATA

北海道標津郡標津町南1条西1-1-5　✆0153-82-3007
🕘11:00～14:00、17:00～22:00　㊡週日或週四不定期公休
http://salmon-takeda.com/

19. 全日本No.1！ 的鮭魚水族館

標津鮭魚科學館

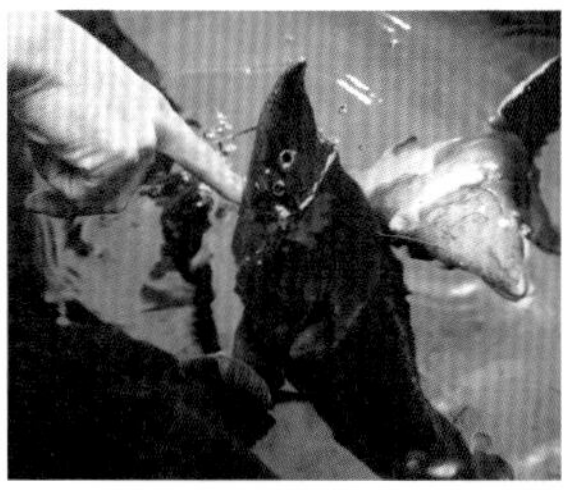

日本少數號稱高漁獲量的標津町「鮭魚水族館」。館內展示了18種超過30類棲息在世界各地的鮭魚，鮭科魚類的展示種類數為全日本第一！另外能體驗讓鱘魚啃手指，連成人都會感到很嗨。是一間能享受與魚兒接觸互動的水族館。

SHOP DATA

北海道標津郡標津町北1条西6丁目1番1-1號　✆0153-82-1141
🕘9:30～17:00（最後入館時間16:30）　㊡5～10月／無公休、12～1月／冬季休館、2～4月及11月／週三公休　http://s-salmon.com/

20. 別海町開墾史上不可或缺的驛站

舊奧行舊驛站

1910年開設，於1930年廢止。在前往鐵道尚未發達的地點像是往本別海、別海町市區、根室市方向的分歧點，旅客就會使用這些驛站，像是更換人員、馬匹，或是提供住宿、物資遞送等，這裡可說是別海町開拓史上不可或缺的據點之一。

SPOT DATA

北海道野付郡別海町奧行15番地12　✆0153-75-2111（內線3712）
🕘10:00～16:30　㊡週一公休（11月1日～4月30日為冬季休業期間）
https://betsukai.jp/kyoiku/culture/bunkazai/kuni_shiseki/okuyuki_ekitei/

21. 來到此地，發現是另一個世界

野付半島

橫跨別海町與標津町的半島。因為地層下陷導致海水滲入，可以看到變成乾枯森林的Todowara與Narawara，也就是過去庫頁冷杉與橡樹乾枯鹽化的遺跡。每年到了寒冬季節，半島內側野付灣的表面會凍結，成了一片遼闊的冰雪大地，出現的是「冰平線」而非水平線。

SPOT DATA

北海道野付郡別海町野付63番地（野付半島自然中心） ✆0153-82-1270
🕘9:00～17:00（4～10月）、9:00～16:00（11～3月）
㊡無公休（僅休12/30～1/5） http://betsukai-kanko.jp/ice-horizon/

22. 知床野生動物的手工生活雜貨店

知床雜貨Cafe cho-e-maru

以羅臼海岸能看到的鯨魚、虎鯨等野生動物為形象，製作手工生活雜貨並販售。此外，在這間咖啡館還能享用到講究的美味咖啡。很適合在搭乘知床Nature Cruise的前後繞去逛逛。

SHOP DATA

北海道目梨郡羅臼町本町26 ✆0153-85-7485
🕘9:00～17:00（因時期而有變動） ㊡不定期公休
https://www.facebook.com/choemaru/

23. 連當地居民都喜愛的祕境溫泉

熊之湯

位於森林中羅臼川畔的祕境溫泉。由熱愛地方的多位人士來管理。由於泉質優良，加上水溫夠熱，連當地的漁夫也很喜愛。泉質含有硫磺、鈉、鹽化合物（硫化氫泉）。設有更衣處，浴池男女各別。

SHOP DATA

北海道目梨郡羅臼町湯之澤町 ✆0153-87-2126（羅臼町役場產業創生課）
🕘5:00～7:00為清潔時段，不可使用 ㊡無公休日
https://rausu-shiretoko.com/highlight/famous-place/

24. 強大震撼力的世界自然遺產・知床

知床Nature Cruise

自春季到夏季這段期間，包括虎鯨在內，有多種鯨類聚集在根室海峽，1月到3月則有數百隻虎頭海鵰、白尾海鵰為了過冬來到羅臼。這趟出遊的航程，已超越遊覽觀光的目的，是一趟自然探索的旅程！

SHOP DATA

北海道目梨郡羅臼町本町27-1 ✆0153-87-4001 🕘電話受理7:00～20:00
㊡不定期公休 http://www.e-shiretoko.com/

DOTO MEDIA

6個宣傳道東魅力的媒體

標津

sipeto

sipeto是一份免費刊物，由標津町的町役場員工組成的「Ynet.」發行，目的在於促進町民活動。透過介紹在標津町各個領域活動的人們，以及各項深具吸引力的活動，進一步宣傳、發掘在地的魅力。

Ynet.（標津町役場企劃政策課內）
https:///www.facebook.com/YnetShibetsu標津-378803552524438/

道東全區

屬於你的閃亮地方電視台 道東電視台

運用各種社群網站的地區服務型網路電視台。目前播放地區新聞，以及專訪津別町年輕業者的直播節目「津別實況」。立志成為該地區需要的影音媒體，此外，同時經營直播工作室、咖啡BAR，以及共同空間「JIMBA」。

道東電視台
http://doutou.tv/

道東全區

northern style SLOW

由居住在北海道的我們，來介紹北國深具魅力的人群與生活。聚焦在那些由平凡無奇日常生活點滴打造，精心經營的地點，希望與大家分享豐富的幸福。此外也規劃郵購商品，以及小咖啡館連載等。

KUNAW Publishing
https://www.sogo-printing.com

道東全區

FM ABASHIRI

2019年2月1日在網走市開播的社區FM電台，FM網走「78.7MHz」。在附設的咖啡館LIA，可品嚐以當地食材製作的創意料理，還能看到錄音室，在聆聽DJ愉快對話及音樂中享受悠閒咖啡時光。

株式會社LIA
https://www.lia-abashiri.com/

釧路

FIELD NOTE

由北海道釧路市房仲業者「Yutaka Corporation Group」營運，以「精選只有這個城市才有」的主題，將釧路振興局裡頭介紹的「個人店」各項資訊，透過網路、免費實體刊物、活動等方式來宣傳的地方媒體。

Yutaka Group株式會社Ezo Planning Field Note事業
http://fieldnotekushiro.com/

鄂霍次克

鄂霍次克觀光誌HARU

以「認識真正鄂霍次克的旅程」為概念，紮根地方於2018年全新創刊的免費刊物，針對的對象是一般觀光客。HARU這個字，在阿伊努語中代表「來自大自然的飲食恩賜」。由dot道東的中西擔任主編。

一般社團法人鄂霍次克風土
https://www.okhotsk-terroir.com/haru

Photo:Ryo Tsuchida　Text:Yuta Aramizu　Design:Shogo Sato

連結道東的120個地點

道東120

因為夾雜混合，
而變得更豐富。

鄂霍次克

從北方海面上流過來的流冰。

帶來了浮游生物，

也為鄂霍次克海帶來恩賜。

因為接納了不同的生物，

才讓環境變得更加豐富。

OKHOTSK

01. 日本第一及世界首見的水族館

北之大地水族館

2012年，由中村元策劃翻新的水族館。飼育數量全日本第一，還有在夢幻伊富魚水槽內放入活虹鱒的「餵食秀」，以及日本首見可仰望瀑布的水槽、世界第一座冰凍水槽等，可隨著季節變換欣賞到北方大地的各種魚類。

SHOP DATA

北海道北見市留邊蕊町松山1-4　✆0157-45-2223
🕒8:30～17:00（11～3月9:00～16:30）　㊡無公休日（僅休4月8日～14日）
https://onneyu-aq.com/

02. 「髮型讓你更加做自己」

WORLD LOVE hair + make-up

這間位於北見市的髮型沙龍，有很多來自道東各地自稱「WORLD LOVER」的忠實顧客造訪。店內充滿設計感，同時環境與工作人員都讓人感到一股溫暖。精通藝術與流行的設計師，幫助讓你看來更有個人風格。

SHOP DATA

北海道北見市幸町7-7-19　✆0157-23-0015（0120-666-149）
🕒10:00～20:00（週五12:00～21:00、週六、日及國定假日9:00～18:00）
㊡週一公休　http://worldlovehair.com/

03. 道東唯一的水煙咖啡館

沙丁魚俱樂部北見本店

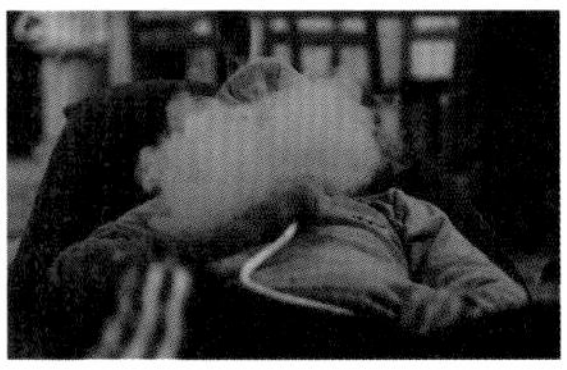

道東唯一的水煙咖啡館。位於距離鬧區有一段路的寧靜夜晚商店街上。在悠閒安靜的店內，可以放鬆心情享受水煙之樂。2017年在東京水道橋開了「沙丁魚俱樂部東京分店」，2018年則開了「沙丁魚俱樂部富山分店」。

SHOP DATA

北海道北見市北2条西2丁目13 Sun Plaza大樓1樓　✆0157-33-3408
🕒18:00～24:00　㊡不定期公休　https://iwashiclub.com/

04. 北部最深處

UNDERSTAND

位於北見市的俱樂部，獲得藝人和音樂人的極高評價。這處北見的遊樂場，不但會有參加大型音樂祭的藝人，也會有當地的DJ在其中。除了熱愛音樂的人，還有各式各樣的人，無論年齡、頭銜，堪稱是大熔爐。

SHOP DATA

北海道北見市北4条西3丁目Palace大樓2樓
http://www.code-0157.com

06. 極北的漆器

野付漆

在漆器最北側的界線——鄂霍次克，這間漆器工作室以展現這塊土地的特色為目標，使用北海道產的木材，以及鄂霍次克當底產的漆。這些器物能讓日常的餐桌變得更多彩，並與使用者一同在歲月中留下痕跡。造型簡單的器物令人百看不厭，而且能長久使用。

SHOP DATA

Instagram : notsukeurushi ✆ 050-5372-9335

05. 魚食系男子 project

Masscosmo 合同會社

以「好吃。而且希望和大眾連結。」為企業理念，成立了魚食系男子project，訂立推廣吃魚、振興地方的目標，推動鮮魚通路銷售、加工，並企劃各種活動。將獲利重新投資於地方及社會，藉此實現永續漁業經營以及永續社會。

INFORMATION

北海道北見市常呂町字常呂 306-1 ✆ 080-4508-0912 ⏲ 9:00～17:30
㊡ 無公休日 https://masscosmo.buyshop.jp/

08. 可欣賞到海景的咖啡館

Salt&Sun

可欣賞鄂霍次克海景的咖啡館。致力於使用無添加及在地生產食材，在這裡可以品嚐到健康的料理與甜點。店鋪也盡量使用自然材質，以半自助的方式打造出美好的空間。1樓並販售在地創作家的餐具作品以及附近農家種植的蔬菜。

SHOP DATA

北海道網走市海岸町 5 ✆ 080-6094-0003 ⏲ 10:30～15:00
㊡ 週六、日、一公休（另有不定期公休） Instagram : salt.and.sun

07. 如同流冰重生的玻璃製品

流冰硝子館

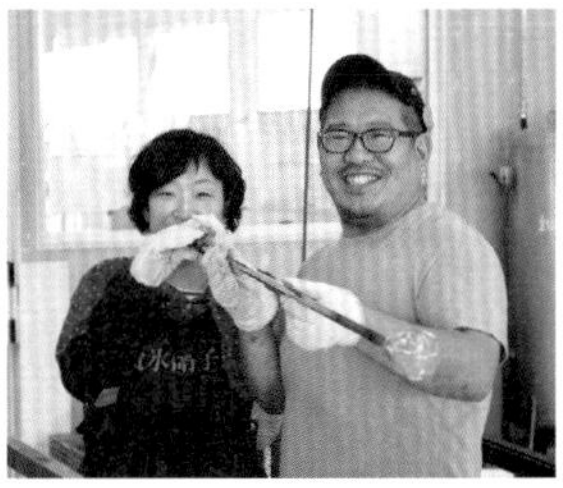

硝子，也就是玻璃，流冰硝子館包含了玻璃工作室、賣店、玻璃製作體驗區，以及咖啡館。這裡以「致力友善環境」為理念，使用的是日光燈回收玻璃「Eco-Pirika」為原料。從「Scenic Café 帽子岩」眺望的鄂霍次克海景致，堪稱一絕。

SHOP DATA

北海道網走市南 4 条東 6 丁目 2-1 ✆ 0152-43-3480 ⏲ 10:00～17:00
㊡ 週三公休 http://www.ryuhyo-glass.com/

09. 彷彿置身天都

天都山

位於網走市的天都山，從市區立刻可達，而且還集結了許多景點。從最高處的天都山展望台可以欣賞到360度的鄂霍次克風光，還有如山林小屋的咖啡館Lodge，以及「蕎麥麵切溫」、「風花」等多間名店都在這裡。此外，像是眾所皆知的網走監獄、北方民族博物館、道立鄂霍次克公園等，是很適合全家人整日同遊的地區。

SPOT DATA

北海道網走市字天都山245

10. 在鄂霍次克「提升飲食文化度」

食堂manma

在食材寶庫鄂霍次克，以「提升飲食文化度」為理念的食堂。manma所在的網走市Eco Center2000，裡頭有圖書館、表演廳等文化設施。食堂提供各種當季食材與料理，讓大眾能極盡享受鄂霍次克的飲食。

SHOP DATA

北海道網走市北2条西3丁目3番地鄂霍次克文化交流中心內
✆0157-61-4828 ⏲11:30～16:30 ㊡週一公休

11. 昭和浪漫

濱梨通

紋別市的主要幹道「濱梨通」，至今仍留有許多散發昭和氣息的店家、招牌，來到這裡，四周的景致彷彿讓人走進時光隧道。長長一整排的店家林立，全都是深得在地居民喜愛的名店。

SPOT DATA

北海道紋別市幸町6丁目3-9

12. 親身感受安定富足的鄂霍次克

農家民宿 江面農場

能充分感受安定且富足的鄂霍次克「在地生活」的農家民宿。享受最真實的北國環境、農家生活。這裡不僅提供住宿，還能體驗農作物收成、窯烤披薩，以及其他各種因應不同季節的活動。

SPOT DATA

北海道紋別郡遠軽町白滝北支湧別152-3 ✆0158-48-2050
㊡農忙時期（4月下旬～5月、9月）公休。詳情請事先詢問。
https://www.ezurafarm.com

OKHOTSK AREA LIST

14. 斜里町的溫泉旅店

知床俱樂部

位於斜里町的小溫泉旅店「知床俱樂部」以及咖啡館「年輪」。住宿方面有西式雙人房，共8間。餐點則盡量使用在地食材製作，以西式餐點為主。溫泉為自然湧泉，柔滑的泉質深受當地民眾喜愛。

SHOP DATA

北海道斜里郡斜里町文町41番地1　✆0152-23-1844
🕑喫茶年輪12:00～18:00　㊡不定期公休（新年前後公休）

13. 攝影家・石川直樹與其他志願町民合作的企劃

寫真zero番地 知床

由攝影家石川直樹與斜里町民志願者合作的攝影企劃案。目的在於宣傳知床半島的大自然、野生動物，以及在這塊土地堅強生活的人們，還有此地歷史文化的魅力。不時舉辦工作坊，並在每年冬天於公民館Yume Hall知床舉辦成果展。持續招募志同道合的夥伴。

INFORMATION

北海道斜里町　http://shiretokophotofes.wordpress.com

16. 手工打造也美味的器物。

OKE CRAFT CENTER森林工藝館

置戶町的地區工藝品牌，OKE CARFT，是以工業設計師秋岡芳夫冠名成立。在這裡有多達23個工作室，聚集地區的創作家，製作出讓使用者順手好用、貼近日常生活的器物及餐具。這些產品都在OKE CRAFT CENTER森林工藝館展示販售。

SHOP DATA

北海道常呂郡置戶町字置戶439-4　✆0157-52-3170
🕑10:00～18:00　㊡週三（國定假日除外）、新年前後（12月30日～1月2日休館．1月3日9:00～12:00）公休　http://okecraft.or.jp/

15. 推廣鮮奶的自然美味

North Plain Farm株式會社

位於興部郡，面對鄂霍次克海的酪農戶。充分運用鄂霍次克在地資源，製作乳製品、點心等。園區內有農場、乳製品工廠，以及點心工廠，在直營賣店裡還能品嚐到新鮮霜淇淋，以及淋上大量乳酪的漢堡排等餐點。

SHOP DATA

北海道紋別郡興部町北興116-2　✆0158-88-2000（餐廳專線0158-82-2422）
🕑10:00～17:00（午餐11:00～14:00）㊡週二公休（國定假日、旺季照常營業）
http://www.northplainfarm.co.jp

17. 使用在地食材的餐車三明治

山輔

夏季以道東為據點，參與北海道地區各項祭典、活動，冬季則在二世古一帶的各個場所擺攤。使用北海道生產的食材、無添加物的調味料，並盡量選用有機食材製作販賣三明治。

SHOP DATA

✆ 090-6996-7244
Instagram : yamasuke.2015　Facebook : yamasuke2015

18. 利用廢校的家具展示工廠

TSKOOL

位於津別町的株式會社山上木工，將這處廢棄校舍翻新之後，成立了展示工廠。在這裡展示了獨創椅子品牌「ISU-WORKS」，還有自家工廠從挑選板材到組合一手包辦的餐桌。山上木工卓越的技術，連東京奧運的獎牌盒都委託該公司製作，在這處設施能實際體會到高深的實力。

SHOP DATA

北海道津別町字活汲 258　✆ 0152-77-3617　🕒 10:00～14:00
㊡ 每四，第 2 及第 4 週六、日及國定假日公休
https://yamagamimokko.com/

19. 來自北海道之東，一世紀

津別西洋軒

開業已持續約 100 年的津別町西洋軒。店內廣受喜愛的豬肉蓋飯、拉麵、炒麵等都是平易近人的菜色，但每一道都堅持好食材且持續精進作法，大受歡迎。這間熱門的餐館，除了町內，也有許多來自外地的顧客造訪。

SHOP DATA

北海道網走郡津別町字東 4 条 3 番地　✆ 0152-76-2616
🕒 11:00～19:00　㊡ 週一、第 4 週二公休
Instagam: seiyouken

20. 道東第一的文化景點

阿重樂園

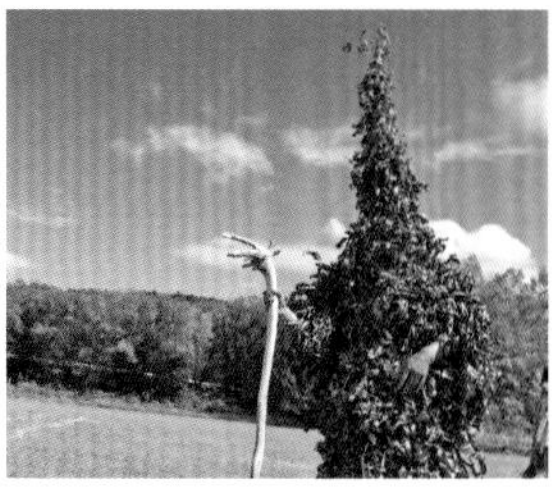

綽號阿重的插畫家、造型創作家大西重成，在故鄉津別町於占地約 8,000 坪的舊牧場前址打造的私立美術館。由大大小小 14 棟展示館構成，收藏的大西作品數量教人嘆為觀止。是來自日本、全世界的文化人、藝術家，來到道東時必訪的一處文化景點。

SHOP DATA

北海道網走郡津別町字相生 256　✆ 090-5222-8580
🕒 10:00～17:00（僅有 10 月 10:00～16:00）
㊡ 週三、四、五公休（遇國定假日則開館，11～4 月冬季休館）
https://shigechanland.com/

GUEST PICKER
佐野和哉

經常往來東京與鄂霍次克，同時經營旅店和推動各項企劃。首先，在自己的能力範圍內，一點一滴增加與鄂霍次克的交流！

01. 鄂霍次克的網路地區媒體

鄂霍次克島

以「推動、打造、宣傳北海道鄂霍次克海邊地區的各項新活動」為主旨，於2019年6月開設。專訪對鄂霍次克地區有想法、有作為的人們，並刊登報導。2020年結束營運，目前計畫製作檔案典藏。

INFORMATION

https://okhotsk-island.com/　㊡熊村長在每年冬季進入冬眠公休

02. MEET MUSIC SAIHATE

SAIHATE

在北海道角落不定期舉辦的活動，以音樂、對談為主，還有很多其他項目。目的是要打造一個能讓大家隨心所欲聚集，並度過一段歡樂時光的場所。每年舉辦一到兩次。歡迎大家想到過來晃晃。

Photo by 谷祥吾

INFORMATION

過去2次在釧路HATOBA舉辦

03. SHIRETOKO！ SUSTAINABLE

一般社團法人 知床斜里

Shiretoko Shari Association

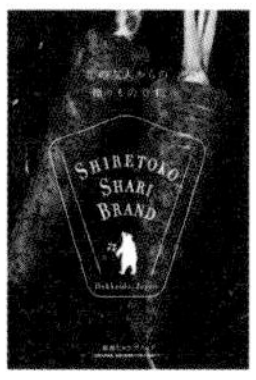

2019年，在知床斜里町成立了街區再造的公司。因為OKHOTSK HOUSE的關係，佐野也提出很多建議。過去由地方行政、觀光協會無法辦到的事情，在這間公司提出許多企劃，請各位也抱著各種期待來知床玩！

INFORMATION

北海道斜里郡斜里町本町29-8 斜里町產業會館1樓　✆0152-26-9970
https://www.shiretoko-sustainable.com/

04. 靈活運用鄂霍次克的休憩資產

OKHOTSK HOUSE

OKHOTSK HOUSE這個企劃案，主要是有效運用在鄂霍次克地區的空屋、空間，作為地區內外的交流據點，讓地區活動變得更加活絡。2020年4月在清里町、斜里町有兩棟建築，主要作為住宿設施之用。

SPOT DATA

清里町．斜里町　http://okhotsk-house.com/

GUEST PICKER
絹張 蝦夷丸

1990年出生於鄂霍次克。Earth Friends Camp代表。Kinubari Coffee烘豆師。上川町地區振興協力隊。企劃、編輯、寫作、攝影、hashtag創意人。

01. 獨立烘豆師獻上的自然咖啡

KINUBARI COFFEE

專營自然精品咖啡豆、出身鄂霍次克地區的「獨立烘豆師」。採用線上銷售，並且會到北海道各地擺設攤位。咖啡的口味不苦、不酸，說難聽是「不上不下」，好聽的話則是「恰到好處」。重視這股模糊曖昧的感覺，獻上能讓人真正放鬆，舒服享用的咖啡。

SHOP DATA

https://kinubari.theshop.jp/
Instagram : kinubaricoffee

02. 搭乘狗雪橇奔馳在大雪原上的正統冒險

Outrider

位於有「北海道屋頂」之稱的大雪山山麓、遠輕町白滝。在這裡企劃了體驗正統狗雪橇的行程，從一日體驗到露營行程，都可以實現。只有這裡能體驗到，在一片無邊無際的銀白大雪原中，與雪橇狗共度的珍貴時光。夏天則從事木材帆布的獨木舟製造販售。

SHOP DATA

北海道紋別郡遠軽町白滝上支湧別235番地　✆0158-48-2911
🕑10:00～17:00　㊡不定期公休
http://outrider-japan.com/

03. 傳承的農家精神與對故鄉的滿腔熱情

河本農場

在津別町延續五代的農家「河本農場」。除了栽種小麥、馬鈴薯、蘆筍等之外，還生產了獨門調味料「朱乃一振」。2020年，在町內開設了「Guest House nanmo-nanmo」。此外，在「兒童、自然、創作」的理念下主辦兒童俱樂部。在津別開創交流據點。

SHOP DATA

北海道網走郡津別町布川93-1　✆0152-77-3100
https://www.kawamoto-farm.com/

04. 由鄂霍次克大自然孕育出的「流冰燒」文化

流冰窯 手工藝之館

模仿流冰形體設計出的杯子、器皿。設立於1984年的「流冰窯」與開發的「流冰燒」，運用了干貝殼、牡蠣殼等當地的物產。過去是我祖父為了振興地方所開發，現在成了鄂霍次克的文化之一。

SHOP DATA

北海道北見市常呂町字土佐2番地34　✆0152-54-2272
🕑9:00～17:00（週四、五～21:00）　㊡週一公休（遇國定假日則隔日公休）
http://tokorollc.sakura.ne.jp/ryuhyo/

GUEST PICKER

Casochi

井上愛美（左）・扇南（右）

在北海道人口稀少的小城鎮滝上町滝下土生土長的事業夥伴。兩人從事支援人口稀少地區的企業與個人，此外自行打造商品與服務，實踐在人口稀少地區的愉快生活，並廣為宣傳！

01. 每週限定「週二、週三」營業，在當地才遇得到的隨興咖啡館

KARSUI

由出生於滝上町的事業夥伴「Casochi」在每週僅有週二、週三營業的咖啡館。將原本在地方上鬧區的「喫茶 堇」翻新成留下昭和懷舊風情的空間，提供使用在地食材的手工餐點與甜點，菜色每週更換。

SHOP DATA

北海道紋別郡滝上町榮町　週二11:00～21:00、週三11:00～15:00
㊡ 週四～週一公休　Instagram : _karsui

02. 行遍世界的老闆經營的鄉村旅店

GA. KOPPER

將木造校舍以DIY翻新而成的旅店。有許多精心布置，令人雀躍的教室，完整保留了當年學校的氣氛。遊客、作家、藏人、獵人，以及嚴謹的角色「經紀人」……？擁有多個面貌的老闆淺野，深藏不露的個性才是最吸引人的地方。

SPOT DATA

北海道紋別郡西興部村村上興部176　✆ 090-6446-7689
http://gakopper.com/

03. 清涼懷舊的日式薄荷香

TakinoueAroma

這款日式薄荷精油，是滝上町的隱藏版名產。共有三款，使用100%有機日本薄荷的「HakkaDrop」，以「芝櫻」也就是纈球花為意象、散發華麗甜香的「ShibazakuraDrop」，還有令人聯想到清新森林與溪谷的「ForestDrop」。

SHOP DATA

製造・販賣／和薄荷Lab　北海道紋別郡滝上町旭町（滝上町商工會事務局內）
✆ 0158-29-2169　銷售點／滝上町休息站、KARSUI（滝上町）等

04. 男女老幼都讀得懂，松浦武四郎與阿伊努人的故事

武四郎與渚滑阿伊農～渚滑川畔的奇妙相遇～

為北海道命名而眾所皆知的探險家松浦武四郎。這本繪本將他曾經走訪渚滑川時的趣聞軼事用奇幻故事及漫畫風格來呈現。對照著故事中出現的場所與地名，沿著渚滑川一路探險，就能模擬當年武四郎與當地居民的心情。

INFORMATION

發行／渚滑川合作研究會　北海道紋別市港町4丁目1-6（氣晴館內）
銷售點／鄂霍次克紋別機場、紋別市休息區、滝上町休息區

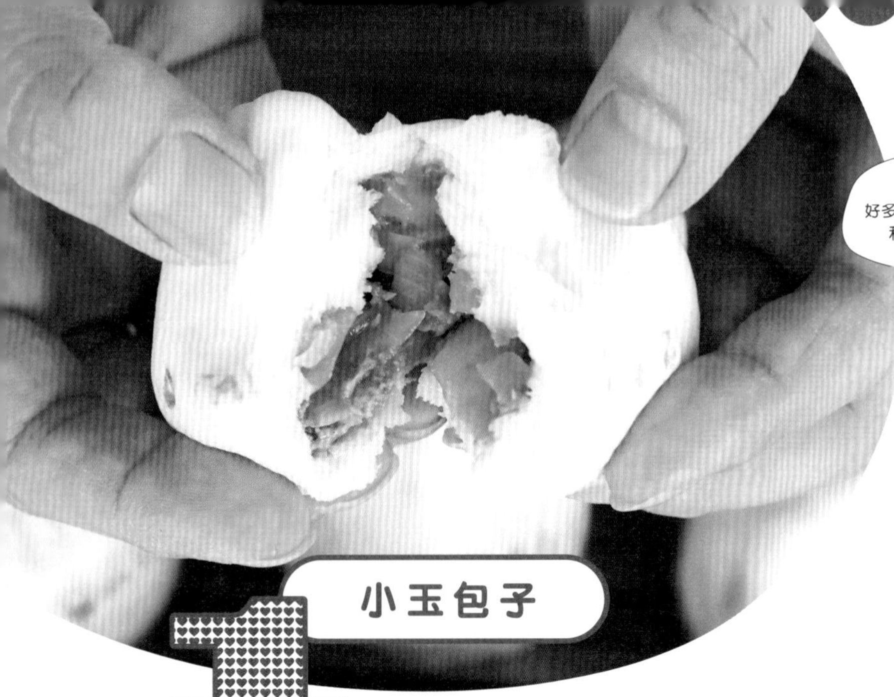

柳谷亞紀子・克彥

好多自家農園的蔬菜
和在地食材！

1 小玉包子

位於北部「清里」的農家咖啡館

在清里務農的柳谷夫婦，是一對活力十足的伴侶。「小玉包子」聽起來像肉包，其實主角是洋蔥（日文漢字為「玉蔥」）。這是柳谷太太在農業大學的創成班學到，經過多次嘗試才成功推出的商品。花了幾年時間，總算讓咖啡館順利開幕營業。整個過程簡直是第六次產業化的典範。原味包子裡頭是炒成焦糖色的洋蔥，散發出的只有滿滿鮮甜。讓人充分相信，原味就是最美味。在洋蔥產地鄂霍次克，或許誰都能做出這類商品，「小玉包子」卻有其他地方吃不到的好味道。可說是具有「專程走訪」的價值，只有來這裡才吃得到。

SHOP DATA **Farmer's Kitchen TOKO-TOKO**

北海道斜里郡清里町羽衣町42番地　✆0152-26-7095
11:00～18:00（午餐11:00～15:00）
㊡週一、二、三公休

直言不諱，無關利害，就是喜歡。

鄂霍次克點心三選

coordination : Kosuke Ikehata / photo : .doto 編集部 / design : Misato Suzuki

2 蝦夷捲

渡邊主人

和「紅筒倉」、
「薄荷羊羹」並列的
常銷商品！

北見的迷你年輪蛋糕

講到清月，「紅筒倉」這款乳酪蛋糕可說是日本全國知名，但小時候在北見長大的我，想推薦的是另外一味──舒心甜點「蝦夷捲」。圓柱狀的包裝，外型看起來像是黑色海苔捲。開封時雖然是孩子也能體會到那股興奮與激動。外包裝明明是典型日式風格，裡頭卻是西式甜點。現在回想，就是年輪蛋糕嘛！因為是保存期限較長的商品，使用的並非單純鮮奶油，而是油脂含量較高的奶油，搭配微微的柑橘香，非常特別。另外一間「大丸」的銅鑼燒或「鮭魚燒」也不錯，但挑這款蝦夷捲當伴手禮的人，絕對是「北見在地人」。歷經時代不斷更新的清月名產，地圖包裝紙也值得欣賞一番。

SHOP DATA

清月 一番街本店

北海道北見市北1条西1丁目
✆0157-23-3590
9:30～18:30
㊡無公休（僅休元旦）
https://www.seigetsu.co.jp/

3 網走 Premium Scone

武內孝行

使用招牌商品

精心製作的司康！

百分之百落實「嚴選原料」

在網走的武內先生開發了「當甜點吃的牛奶！?」這款名稱逗趣的牛奶糖商品。以使用岩本牧場鮮奶的這款牛奶糖當原料，再經過精心製作而推出的商品就是「網走Premium Scone」。看看使用的材料：麵粉（鄂霍次克產）、奶油（北海道產）、甜菜糖（鄂霍次克產）、黑甜菜糖（網走產）、乳製品（網走產）、鹽（鄂霍次克產）／小蘇打（北海道製造）。有時候，成分表展現了廠商想達成的目標，還有他的想法，比任何宣傳詞更有說服力。猜想成分表裡的「乳製品」指的就是牛奶糖吧。不添加任何防腐劑竟然還有120天的賞味期限。話說回來，這等吃了還想再吃的美味，根本放不到期限就被我吃光光了。

SHOP DATA **流冰之丘Company**

北海道網走市大曲47-1　✆0152-77-3157　https://www.ryuuhyou.com/

♥ SELECT BY

池端宏介

我挑選的！

1978年出生於北見市。目前住在札幌，任職於IMPROVIDE，從事文案工作。作品有：「熟成薯芋」／北見「Tinkerbell」／訓子府「日出麵」／斜里「TOTTAN」／陸別「濱田旅館的美味餐點」等。搜尋「face池端」！

#道東discover

在呼籲大家於社群網路上張貼照片時加上「#道東 discover」的標籤之後，我們收集到超過 2000 張照片。有些是平凡日常的美好，也有發現新的一面。好多在道東令人引以為傲的場景。一個標籤，讓我們有了全新的體會。想不想一起為道東感到驕傲呢？

道東也有，
遼闊的天空，
寬廣的道路，
讓人想恣意奔跑的
場所。
@nagi0467

@hk_silver

@nagi0467

@kotori54224560

@ai301swa

@sappyAUBESU

@0su_uu0

@tatsuyan41

@02_y_14

@MT_tamosyou

@iniesta0502

@NorthKil

@anpan__men

@4047211Milk

@comin_curry

@tsurugaresort

在道東，
有各種生物，
令人忍不住想稱為神。
@kubonouchi_makoto

@etsuro0512

@oyatamaki

@claspaoni

@patesuter

@botch

@240Marimo

@sanokazuya0306 photo by Tomoki Kokubun

@nagi0467

@photokumaphy

@HamanakaP

@otofukefuke

@MT_tamosyou

@photokumaphy

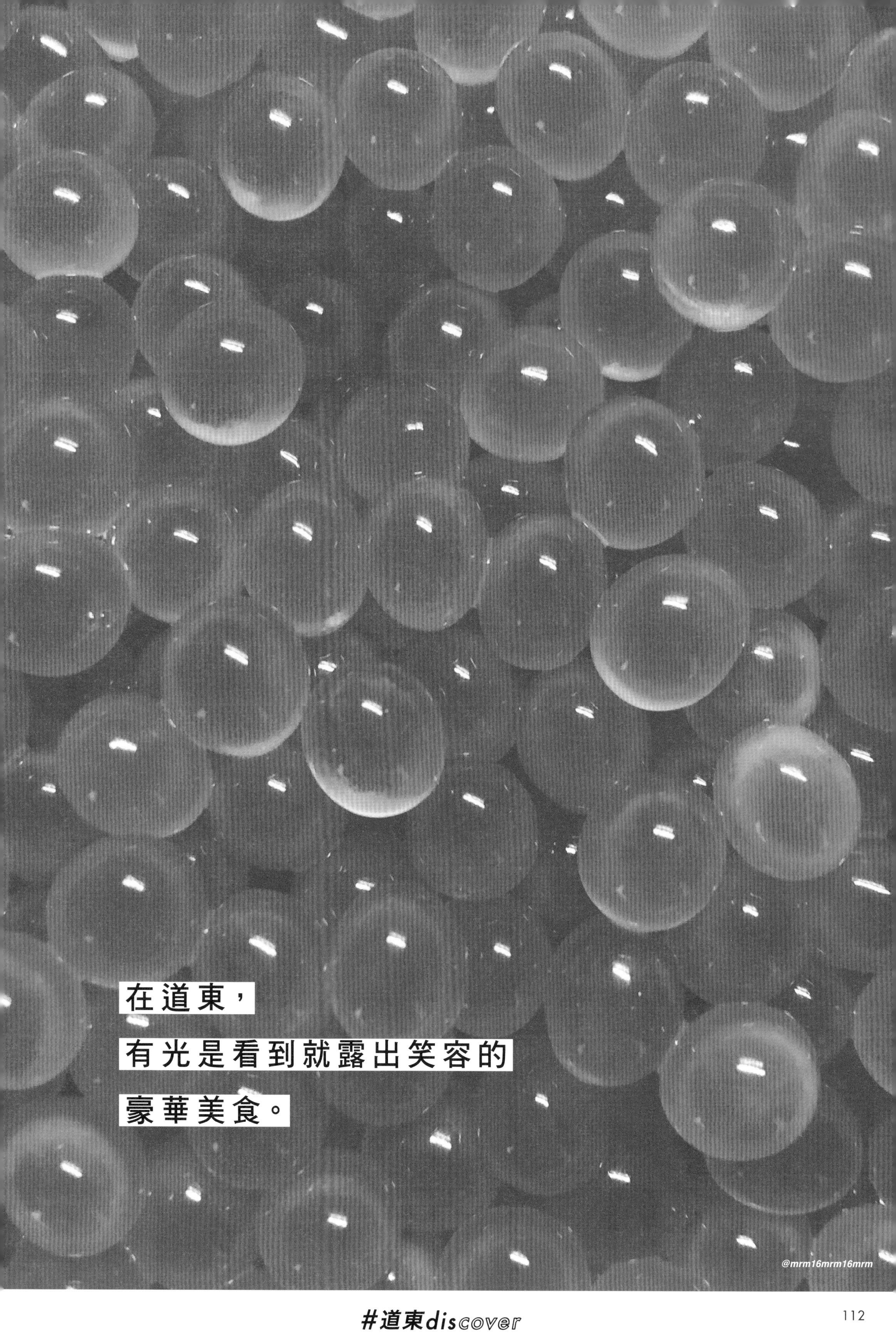

在道東，
有光是看到就露出笑容的
豪華美食。

#道東discover

誕生的幕後故事

discover發起人
古賀詠風

Hashtag創意人
絹張蝦夷丸

設計師
青坂五月

2019年11月，東京奧運決定將馬拉松與競走兩項賽事的會場設在札幌。

當時，電視評論節目中出現對札幌、北海道的批評與揶揄，造成北海道民眾的憤怒、哀傷，在社群網路上出現了「＃札幌dis」的標籤，一連串負面效應導致隔閡出現。

隔閡不會帶來任何好處。難道不能針對札幌、北海道的風景、文化，有什麼正面的宣傳嗎？這次的導覽手冊成員之一的古賀詠風有了這樣的想法。於是，他找到專業的Hashtag創意人絹張蝦夷丸商討，最後推出的就是「＃札幌discover」這個標籤。

從「＃札幌dis」轉變為「＃札幌discover」、「＃北海道discover」的標籤，獲得廣大共鳴，許多人開始宣傳札幌、北海道的魅力，形成一股潮流。

Discovery陸續收到許多照片貼文。風景、動物、食物、日常……。而為這些照片製作邊框底圖、突顯魅力的就是設計師青坂五月。

套用之下彷彿讓照片更多了靈魂的邊框底圖，成為許多人提升「地區愛」的關鍵。

為了不讓這股潮流淪為曇花一現，要在道東讓discover進一步發展下去，該做些什麼才能延續呢？兩人在商量之後，推出了「＃道東discover」的企劃。

道東discover永不結束。

讓道東變得更有趣的，是我們自己。

讓道東
變得更有趣的，
是我們自己。
@sachi_renren

@ZDMqptncnJBfnme

@herisson_12345

@rahanohohe

@ojiro3888

@ZDMqptncnJBfnme

@rahanohohe

@katasuke_k

@MT_tamosyou

@su_u913

@yokoez3 photo by Liran Kalina

@nagi0467

.DOTO HISTORY

成立於2019年5月的一般社團法人「dot道東」，一開始只是類似小漣漪，沒想到獲得許多人支持，逐漸變成一項大型祭典活動。接下來就將dot道東，以及《到道東.doto》成立前的大小事，分別以各項主題來回顧。

text Kashiko Sudo / design Chihiro Nazuka / edit Iri Kimura

2017

START!

11月 **舉辦「打造理想的未來 道東之旅」**

與greenz.jp的小野裕之舉辦「打造理想的未來 道東之旅」！這時沒有人知道負責企劃的中西、神宮司、名塚在日後會策劃「道東吸引大作戰」。

12月 **「道東吸引大作戰」首次作戰會議**

前面提到的三位活動企劃人員，外加須藤，四人首次進行作戰會議。從這一天開始，四人頻繁聚會討論，彼此愈來愈打成一片，但實際上對於「道東吸引大作戰」這個連自己也無法完全理解的奇妙活動，感到滿心憂慮……。這就是一切的開端。

2018

1月 **「道東吸引大作戰」群眾募資開始**

3月 **「道東吸引大作戰」**

大 2018冬

在沒有任何人掌握到企劃全貌之下，「道東吸引大作戰」就此展開！在一片混戰中舉辦的活動，有對談、有食物，是一場熱鬧的慶典。
最後看不下去的野澤一盛趕來幫忙，是令人印象深刻的一天。

4月 **道東吸引反省會＠札幌**

還沒完全擺脫「道東吸引大作戰」的餘韻，直接就前往札幌的「UNTAPPED HOSTEL」召開反省會。其實每個人都很不安，卻仍然不斷暴走，在這個晚上四個人都說出真心話。

4月 **在「JIMOCORO」刊登環境大善的報導！**

在「道東吸引大作戰」中訪問環境大善的德谷柿次郎撰寫文章，由小林直博負責攝影。當初在「道東吸引大作戰」的機緣，透過介紹「消除」具體成形。

7月 **「森JAM 2018」設攤＠下川町**

在「道東吸引大作戰」的參與者立花實咲的邀請下，在下川町舉辦的「森JAM 2018」活動中設攤。
現場也有已經認識我們的人，難忘那天夜晚和所有參與活動的人圍著營火的情景。

8月 **「當頭棒喝學校祭」＠更別村**

叫我人氣王野澤吧！

找來了「道東吸引大作戰」的參加者ALL YOURS木村昌史，舉辦「當頭棒喝學校祭」。沒想到包括福岡的「Unaginonedoko」以及來自全日本的創意人等許多特別來賓和參加者都來了，一片混亂。在熱鬧的現場成功掌控的野澤自此聲望水漲船高！

9月 **「北之合宿2018年秋」＠遠輕町**

參與「道東吸引大作戰」及「當頭棒喝學校祭」，分布在全北海道各地的夥伴們，在「鄂霍次克島」的佐野和哉邀請下，所有人來到遠輕町集合。眾人在「江面農場」享受烤肉、互動之樂，就像一場共同討論道東未來的集訓。

一般社團法人dot道東

由一群分散在道東各地的自由工作者集結而成。平日各自從事統籌、設計等工作，同時因應各個企劃案組成團隊，執行大大小小創意作業。除了出版這本導覽手冊成為首次自社事業之外，平日還在各地舉辦活動，並致力跨越地域藩籬，在道東內外組織社群，持續活動。

http://dotdoto.com/

11月 **舉辦「小道東」@東京**

在「小東京」的活動中開辦「小道東」。完整介紹從「道東吸引大作戰」到「dot道東」的過程。活動聚集超過60名參加者，從各方面來說都是很溫暖的一次經驗。

11月 **群眾募資結束**

承蒙廣大群眾的支持與協助，募得的資金超越原訂目標300%。對於支持我們的398位贊助人，以及其他提供協助的各位，真的非常感謝！

12月 **藤本先生談話活動@士幌町**

2020

1月 **「遇見當地朋友之旅」首次播放**

因為在「NoMaps 2019」與NHK札幌放送局的人員有一面之緣，促成了佐野和中西登上電視節目！兩人在節目中主持人瀨田宙大主播，一同介紹在道東表現出色的「當地朋友」，並以導遊之姿引領旅程。

2月 **再次ALL YOURS@帶廣市**

3月 **舉辦浦幌町線上活動「在小鎮孕育的旅店」**

和準備在浦幌町經營旅店的小松輝一起舉辦活動！邀請到於道東經營旅店的神宮司、名塚出場，針對地區再造的旅店經營全面討論。這是第一次舉辦線上活動，共有90位觀眾收看。

到了2020年6月……

導覽手冊《到道東.doto》出版

終於，導覽手冊《到道東.doto》完成啦！對道東充滿好奇、無法克制的你，千萬別錯過。

10月 **登上「NoMaps2019」**

photo by Shogo Tani

中西、須藤在「從北海道思考『鄉村的未來』」的主題討論中登場。和佐野及岡山廣美的對談也透過網路直播，讓很多人能了解，是一場獲益良多的活動。

9月 **導覽手冊《到道東.doto》群眾募資開始**

為了向古賀詠風、絹張蝦夷丸構思的標籤「#札幌discover」致敬，提出以「#道東discover」的標籤來招募道東美麗照片的企劃案。

8月 **Dancing・優伍・舞動**

在「當頭棒喝學校祭」認識的田中優伍。他決定「從深川開始熱舞！」於是就在活動的一年後，邀請ALL YOURS的木村先生到他居住的深川市舉辦活動！來自全北海道各地的同伴們齊聚一堂，活動圓滿成功。

5月 **「道東飲酒區」@澀谷HIKARIE**

小倉拓擔任策展人的「Fermentation Tourism Nippon」舉辦了「道東飲酒區」！活動中招待了在地美酒、海鮮等引以為傲的發酵食品。參加人數將近200人，連路上都站滿人，盛況空前。

5月 **「dot道東」成立！**

10月 **「道東吸引大作戰」刊登於「BAMP」**

中西的訪談報導刊載在網路媒體「BAMP」。標題上「不會惹怒人的地方風氣」這句話引來眾多迴響。

10月 **海鷗書籍柳下恭平再次來到道東**

11月 **Re:S 藤本智士再次來到道東**

12月 **在秋田縣擔任講師**

承蒙greenz.jp小野先生的邀請，到了秋田縣擔任講師。和小野先生以及在秋田也遇到的藤本先生度過一段充實的時光，也成了日後成立「dot道東」的契機……！

12月 **繼「關係人口」之後的「共生關係人口」**

藤本先生公布了「『關係人口』之後」的備忘錄。將道東具有的強大吸引力命名為「共生關係人口」，還將自己心甘情願參與這些的模樣寫進去。

2019

1月 **「波濤洶湧的道東高峰會2019」**

神宮司經營的背包客棧「HOUSE MOEWA」落成！以幫忙搬遷&新年會的名義，在沒有特別號召下，13名成員從全北海道各地到此集合。就在這裡公布了「dot道東」的構想。

參加道東吸引大作戰的六個人。（左起）小林直博、德谷柿次郎、藤本智士、木村昌史、柳下恭平、小倉拓。

不斷重聚 一群瘋狂的道東幫

文／德谷柿次郎

illust Ami Inoue（Casochi） / design Bluepine

孤獨催生了在地選手的行動

在北海道認識的這群在地選手，感覺都怪怪的。是因為被夾在不講理的大自然與不講理的人性，身在如此嚴峻的環境才讓他們這樣嗎？要去見住在北海道其他地區的朋友時，一趟路等同東京到大阪的距離可說是家常便飯。單趟車程四小時是理所當然。而且花上再一倍的時間也毫不厭倦的行動力，已經不是「出遊的感覺」，而是「五天四夜出遠門旅行」的程度。這種實際上親身移動直接溝通的喜悅，讓我忍不住想像，是與他們長大成人之後孤獨的總量成正比。這裡所說的孤獨，指的並不是在當地生長環境的狀態。而是隨著網路普及、社群網站的可視覺化，有了能夠看清楚到外國更圓月亮的世界線之後，更突顯的孤獨。

這幾年來，地方創生這種鬼話蹂躪著地方城鎮。這群男女，用身為設計師、攝影師、編輯等這些過去北海道不熟悉的技能作為武器來戰鬥。這其中有人深愛成長的家鄉，有人是無奈在家鄉生活，也有人因為受到北海道大自然的吸引而移居至此。在孤軍奮戰創造新價值的日子裡，他們不斷在網路上搜尋與日本全國地方行政單位相關的成功案例。有些人從官方單位接受工作委託，有些工作則來自在地認識的長輩轉介。然而，即使戰戰兢兢做出好成績，很可惜，社會上並沒有給予他們該有的評價。因為不只是北海道，其實在這類地方城鎮第一線，能夠精確評估創意好壞的人很少。通常看到的是只求在七十分之下極力壓低單價，這才是業主真正的態度吧。無法找到正確答案的工作是一種消磨。但總有一天，一定有人能幫我們找到正確答案……！

首次在道東受到的洗禮

二〇一六年十一月。「數名漁夫在根室附近海域遭到俄羅斯船隻隨意留置」在盲信這則神祕消息下，我決定了這輩子第一次的北海道．道東地區採訪行程。為期留置四夜，而且沒有任何事先預約。抵達根室中標津機場時，大概是下午兩點吧。租了車子後，我整個人士氣高昂，激動地大喊：「出發嘍！」十分鐘後，太陽漸漸西沉。「咦？搞什麼？還不到下午三點耶？」我們太小看十一月的道東了。渾然不知下午三點前後就日落的季節性，總之先到了「標津鮭魚科學館」拍攝足夠的照片，也在館內開心逛了一圈，但走到外頭時已經一片黑。不僅是在隨時可能有鹿衝出來的漆黑國道244號線上，還有我們這趟全無計畫只憑一時興起的採訪之旅，同樣讓人覺得看不到前方。

野付半島↓根室↓斜里町↓知床半島↓網走，雖然驅車在這些地方奔馳，但每個町之間的移動距離真不是開玩笑。從羅臼往知床方向的道路在冬季封閉，到了傍晚想找住宿地點也沒有多少地方。好幾件採訪是在走投無路之下努力想辦法才生出來的，又因為沒有事先約好，內容幾乎像是部落格文章。當然，沒有達到最初的目的，見到遭到隨意留置的漁夫，滿腦子只擔心自己會成了把公司經費將近二十萬圓全部花光的戰犯。如果沒有同行的攝影師小林直博（免費刊物《鶴與龜》），或許我連這趟旅程本身的樂趣都找不到吧。

自從我展開全國採訪，已經整整五年。前往日本東北大地震現場採訪之後，一回來就因為急性中耳炎病倒；到長崎的五島列島採訪過去隱匿的天主教徒過程中，罹患不明疾病（照當地人說法是中邪的症狀）。類似這樣，我也經歷過幾次艱辛的採訪，但這次的道東採訪行也算其中之一。話說回來，沒有事先預約，也沒拜託任何人，只因為一則不嚴謹的消息就直接衝來，這行動本身就很有問題。

然而，在這趟極其艱辛的採訪行之中，最大的收穫就是認識了本刊《到道東》的一般社團法人dot道東的代表，中西拓郎。當時我和他全無交集，是我先在書發文，「接下來要從網走到北見！」我們共同的朋友絹張蝦夷丸在下方留言，才幫我們牽線。當天晚上，我們在居酒屋會合，三個大男人乾杯。在那之前的三天，採訪小隊在各地移動時幾乎沒有和在地人產生任何交流，這一刻，讓我高興得不得了。我們開心聊著像是Hip-Hop、街頭文化這些共同話題，臨別時還堅定約好，「要找機會再見！」愉快的相識，之後是愉快的道別。

一結束之後四十四歲與二十六歲糞便失禁的旅程

兩年後。以中西拓郎為主要成員，成立了「道東吸引大作戰」這個群眾募資企劃。主旨相當簡潔明快。為了

讓更多人知道道東，吸引了六名熟知當地文化的來賓，在寒冬的三月進行的一場宣傳之旅。受到拓郎的邀請後，接著是當時頻繁交流的發酵設計師小倉拓、鷗來堂・海鷗書籍的柳下恭平、編輯前輩藤本智士、ALL YOUR的木村昌史，以及攝影師小林直博也陸續加入。正確說來，印象中是我把大家扯進來的，抱著輕鬆的心情說：「大家就一起去道東吧！」這趟旅程是集體行動。整場道東吸引大作戰，應該可以說是「艱辛萬分的集體旅行」吧。有誰能想像到在這項企劃一結束，回東京之後，當時最年長四十四歲的藤本和最年輕二十六歲的小林，竟然像蝴蝶效應一樣，在不同場所都糞便失禁呢？

隆冬的寒冷侵蝕著身體，嚴苛的行程讓人失去了平常心。文章一開頭我提過，「在北海道認識的這群在地選手，感覺都怪怪的」，這三天兩夜的道東吸引大作戰之旅塞進了密密麻麻的行程，每到一個定點受到的震撼也非比尋常。資訊量過大之下，面對每

2018年8月的當頭棒喝學校祭。

一項都得消耗極大能量，感覺好像不斷被注射了「請你愛上道東吧！」的推銷針。不是啦，其實他們都是很棒的人！只不過，能不能在旅程之中稍微有些留白呢？我們已經很飽啦！別再繼續打針呀！當然，我們內心的吶喊沒讓任何人聽見，忍耐直到最後一天的參與者，真是成熟懂事的大人。

道東吸引大作戰的成員，在一般社團法人dot道東的名義下，以神宮司亞沙美、名塚千尋、須藤佳志子三人為首。來自群眾募資的責任感，以及還不習慣的行程企劃，加上各個獨具個性的參加者也形成不小的壓力。坦白說，營運的一方實在搞得遍體鱗傷。

最後一天的活動是從道東各地招募參加者的「對談活動」。大概類似這趟行程的報告會。參加的來賓六人中有四個是經營者，對於在活動中上台非常有經驗。雖然每晚的餐會上營運方充滿關愛的回饋都會持續到深夜，但面對遠道而來參加活動的人，來賓完全忘記了疲勞。「我們炒熱場子的實力是不是被看扁了啊？」看著主辦人中西拓郎節奏拖沓的主持風格，小倉拓不耐煩提議：「好吧！主持人就換柿哥上！」竟然就在活動中直接交棒換人。既然接受點名，我也盡力提起精神全力以赴，從中西拓郎手中搶下主持人一職，稱讚在道東認識的這些人有著開拓精神，將對於極度莫名其妙的道東吸引大作戰成員那些公開缺點，以娛樂的角度消遣，總之勉強炒熱了現場的氣氛。

這麼赤裸裸、直接面對面的活動，可說前所未有。看著面前拚命持續進行的道東選手們，那副模樣實在笨拙又土氣。不，差不多就是一坨會呼吸的泥巴。泥巴也有泥巴的作法，散發出遠遠超越泥巴的濃濃土味。這堪稱是整個道東吸引大作戰的面貌吧。

在那裡，沒有任何美好的事情。

明明星空和大自然都那麼美……

強忍著孤獨，在整個北海道揮舞著沒有任何人舉起的旗子。找一群東京的來賓去道東要幹嘛？從什麼群眾募資那種來路不明的架構下募到的錢又怎麼樣？搖旗吶喊老半天，到底能有什麼結果？相信有這種心情的人應該不少。在那個時間點能想到的方法，就是找來一群或許能持續往下發展的

來賓，帶他們走一趟塞得密密麻麻的道東宣傳行程。單純只有這樣的登高一呼。對於來賓，或者對於參加的人們，我想就只是這麼簡單。

「不斷重聚」的強大力量

在那之後，又過了兩年的時間。此刻，在我面前的就是這本道東導覽手冊《到道東.doto》。抱著個人內心的糾結，多次克服了團隊裡的衝突，這群男男女女在這兩年來持續移動了幾千、幾萬公里。是日耳曼民族大遷移嗎！另一方面，當初的六名來賓各自多次走訪道東。有的寫成採訪報導，有的將自己的企劃案再次移到當地舉辦活動，或是開發商品……其中甚至有人還因此找到情人。這實在太厲害了吧？！

我們早就不只是營運方與來賓的關係，而是像朋友一樣，原因並不是彼此走向對方。是因為道東吸引大作戰的成員，在那之後死纏爛打，一次又一次去找來賓群。在地方城鎮的世界裡，很容易不斷冒出企劃力、設計的主詞，但最重要的是，將手段與方法全都放在一邊，專注在「不斷持續一次次重逢」。道東這群莫名其妙的傢伙徹底實踐這一點，讓我們也不忍不住站上那條延長線。

起因是當初與中西拓郎說好「下次再見」的約定。我住在長野，和道東的距離大約是一千九百公里，開車的話將近得花二十個小時。即使如此，平常在心理上卻感覺不到有什麼距離，甚至還覺得他們在社群網站上的貼文多到有點煩。說歸說，看到報紙上一次次的報導，NHK也做了專題介紹，看著他們冠上似乎很了不起的頭銜，又帶領著新的一群古怪傢伙時，真的感到很驕傲。我知道，這本道東的導覽手冊一定有它的價值，但我想在此講清楚，和這群男男女女相識、變成好朋友，這才是最佳的導覽手冊。腳踏實地不斷親身到處移動，才能發現道東的新價值。

德谷柿次郎

Huuuu代表取締役。以隨處都是家鄉的媒體「JIMOCORO」主編之姿，走訪編輯全日本四十七都道府縣。主要據點在長野縣。想要成為豪門子弟。

UNTAPPED HOSTEL

我們是札幌的旅店UNTAPPED HOSTEL。這次由於對製作團隊的信任，第一時間就決定支持。（其實我們在札幌懷著淡淡的情愫，希望有一天也能加入各位的行列）。100%這個世代的道東導覽手冊決定版！非常期待能帶著這本書走遍道東——！

SHOP DATA

札幌市北區北18条西4丁目1-8　✆ 011-788-4579

TOKACHI MURAKAMI FARM とかち村上牧場

在十勝北部的上士幌町經營大規模酪農業。對於有意進入這一行的新人給予大力支援，全面指導從酪農的基礎到經營！若是大家了解道東的魅力，就會有更多人對於道東生活和農業產生興趣！一起加油吧！

INFORMATION

http://www.murakami-ranch.com/
@murakamibokuzyo

大喜湯 TAIKIYU

用大眾澡堂的消費能享受正統溫泉的大喜湯昭和店。最引以為傲的就是開闊的露天浴池，以及源泉100%成分豐富的好泉質。享受三溫暖→冷水浴→外氣浴來提高新陳代謝吧！看到同年代的一群人為了推銷道東而努力奮鬥，真的深受感動。雖然方法不同，但大家的目標是一致的，一起加油吧！

SHOP DATA

昭和店 北海道釧路市昭和中央5-11-8
春採店 北海道釧路市春採7-1-45

THANKS partner

稱、企業商標、協力廠商廣告等贊助回

- 層雲峽 HOSTEL　www.sounkyo-hostel.com/
- 江面曉人＆陽子　江面農場　www.ezurafarm.com
- 絹張蝦夷丸　@kin6r
- 橋滿南　鄂霍次克會　@okhotskkai
- 窪之內誠　環境大善株式會社　@botch_
- 河本純吾　GEUST HOUSE nanmo-nanmo　www.facebook.com/nanmo.nanmo.2020/
- 桒原務緒
- 永澤慶章　@yoshiaki.nagasawa.26
- 榎本聖　西洋軒　seiyouken.info/
- 山上裕一朗　株式會社山上木工　yamagamimokko.com/
- 杉森基裕
- 野村繪里
- BeerBus OnYourSide 松永　www.facebook.com/BeerBusOnYourSide
- UNDERSTAND　@UNDERSTAND_0157
- 山崎將司
- 鈴木大輔　dotmarks.jp/
- MASAHIRO OKADA
- 高坂馬爾　@fouour_marl
- 林嘉　@mc_yoshimi
- Hokkaido Beer Porter　@beer_porter
- 原萌美　@mo_____emi13
- 渡邊勇喜　watanabe-gumi.com/
- GANKE FES　www.ganke-fes.com/
- 竹本純
- 山川優貴
- 大空三昧株式會社　shi-ji-mi.com/

長腿叔叔群

- 相澤光　@aisawa620

每次都能在dot道東的各位身上獲得很多刺激。希望有我的支持能讓紙質變得更好！（笑）

SPECIAL .doto

募集製作資金的群眾募資，提供刊載名饋。在此介紹提供支援的各個單位！

環境大善株式會社

KANKYO-DAIZEN

相關內容見 P26-29

dot道東的成員用雙腳建立起與這塊土地的人們建立深厚的關係。希望有更多人能看到從這些人際關係孕育出的《到道東 .doto》。

道東電視台

DOTO TV

驚濤駭浪的dot道東。一開始就是那場道東吸引大作戰。宛如颱風一樣捲起各種風潮，引起陣陣漣漪，這次竟然要做刊物。也讓我一起搭上這股浪潮吧！

相關內容見 P50-55

夥伴企業

提供報導＆照片廣告等支持的各位也留言給予鼓勵。這些支持我們的企業，我們認為都是讓道東變得更有趣的好夥伴。已經決定要在道東生活，我們所做的只是「既然如此，就讓我們居住的地方變得更開心！」未來也讓我們跟大家一起讓道東生活更愉快。

皮耶

PIE-san

寫在《到道東 .doto》出版之際

若能對腳邊微小的自然感到幸福，那麼人生就為變得非常富足。道東擁有強韌的開墾歷史、美麗的自然環境、舒適易居的街區、美味的食物，以及開拓未來的年輕力量。
期許dot道東成為新一代的開拓者。

相關內容見 P20-23

TORINOS

TORINOS

雖然不太知道他們要朝那個方向去（笑），但看到自己住的地方有年輕人充滿幹勁和活力，真是開心。希望讀了這本書之後，有人稍微對道東、十勝有些興趣，那就太棒了。野澤老弟，以後也請繼續光臨TORINOS哦。還有阿神，快歸還鑰匙！（笑）

相關內容見 P68

矢野組

YANO-GUMI

拓郎說要做點什麼事，我想說就參一腳……但心想，dot道東，到底是幹嘛的？嗯，反正只要是看來有意思的事情什麼都做吧？搞不太清楚啦，總之會好好做吧。加油啊～。

相關內容見 P56-59

PROJECT MEMBER

名塚千尋 CHIHIRO NAZUKA

dot道東 理事
CREATIVE DIRECTOR
釧 路 @nazoo815

在設計與拍照工作之餘，經營市民團體「庫司路」。因緣際會下於2017年還開了旅店。在dot道東經常把已經快要有結論的事情又搞亂了。

神宮司亞沙美 ASAMI JINGUUJI

dot道東 理事
DIRECTOR
大 樹 @asachan126

從教育、觀光等各個面向，從事讓大樹町生活更有趣的活動。在本導覽手冊中主要擔任「鞭策、鼓勵」的角色。

中西拓郎 TAKURO NAKANISHI

dot道東 代表理事
EDITOR IN CHIEF
北 見 @takurou1988

1988年出生於北見市。身為兩個媒體的主編，一個是讓道東變得更刺激的媒體「1988」，以及鄂霍次克主義雜誌「HARU」。活動策劃案例則有NORTH TRUNK PLAZA等。每天都在道東地區來回奔波。

青坂五月 SATSUKI AOSAKA

EDITORIAL DESIGNER
帶 廣 @sachi_renren

出身於道東別海町。任職於SOGO印刷。操刀過許多書籍相關、印刷品設計，其中值得一提的是聚焦於北海道尋常豐富生活的雜誌《northern style SLOW》。

須藤佳志子 KASHIKO SUDO

dot道東 理事
EDITOR / WRITER
釧 路 @Kusuro946

在讓釧路變得更有趣的市民團體「庫司路」中推動各項活動。《到道東.doto》裡也介紹了活動內容，要前往釧路時別忘了參考庫司路！

野澤一盛 KAZUSHIGE NOZAWA

dot道東 理事
DIRECTOR
帶 廣 @Shige_Noza_

京都出身。曾在東京、札幌生活，2016年起移居十勝。身為理事且為團隊中唯一非北海道出身＆一般公司職員。工作之餘經營部落格「十勝這麼好玩哦！」以及製作影片。

絹張蝦夷丸 TAKURO NAKANISHI

KIMUBARI COFFEE
WRITER
上 川 @kin6r

1990年出生於鄂霍次克。Earth Friends Camp代表。KIMUBARI COFFEE烘豆師。上川町地區振興協力隊。企劃、編輯、寫作、攝影、Hashtag創意人。

荒水悠太 YUTA ARAMIZU

COPYWRITER / PLANNER
釧 路 @aramizu_yuta

神奈川出身、札幌長大、現居釧路。任職於廣告公司，擔任文案規劃師。並為「From DOTO」主編，這是一個透過「伴手禮」來呈現道東魅力及在地居民面貌的媒體。

青砥美穗子 MIHOKO AOTO

DESIGNER
芽 室 @gokigenmiho

在帶廣開了活動策劃公司20年→札幌～十勝雙重生活→2016年後移居芽室町美生川畔。目前經營一人廣告公司BluePine。自行製作芽室町支援T恤販賣中。

佐藤翔吾 SHOGO SATO

ART DIRECTOR / DESIGNER
釧 路 @satosho2020

北海道小樽市出身。目前任職於廣告公司。因為工作的關係，從小樽市移居到釧路市。認為應將具有在地熱情的文化當作助力，從設計與外力達到加成效果的角度全力投入。

佐崎良 RYO SAZAKI

EDITOR / WRITER
中標津 @ryo_sazaki_doto

在北海道道東地區從事觀光振興，並自行持續在道東各地採訪的觀光作家。在道東地區從北到南四處遷移活動，是百分百純正道東居民。

國分知貴 TOMOKI KOKUBUN

PHOTOGRAPHER
弟子屈 @tomokikokubun

在屈斜路湖一帶活動，以戶外嚮導、拍攝照片影片為主，同時追求與研究更豐富的生活與工作型態。

我妻直樹 NAOKI WAGATSUMA

SWITCH
PHOTOGRAPHER
帶 廣 @naoki.wagatsuma.1

「Commercial Photo / Movie SWITCH」代表。根室市出身。2015年起以帶廣市為據點，從事廣告攝影／影片拍攝。

那須野達也 TATSUYA NASUNO

COPYWRITER
東 京 @tatsuyan41

十勝清水町出身。目前任職於東京都的廣告公司，從事文案／創意規劃的工作。很會吃。很會聊。很會笑。

鈴木美里 MISATO SUZUKI

DESIGNER
湧 別 @misato.suzuki.3139

自東京返回道東家鄉，很快已經4年。每天望著大片留白、有益雙眼的鄂霍次克風景，消除雙眼疲勞之後，認真投入設計後製。

CONTRIBUTORS

土田凌 RYO TSUCHIDA

PHOTOGRAPHER

東 京 @Ryotsuchida

千葉縣出身的攝影師。因為出差或短期停留，一年會到北海道5次。
經營飲食媒體「土芽飯」(@tsuchimei_meshi)。

磯優子 YUKO ISO

DESIGNER / ILLUSTRATOR

釧 路 @monpaign

觀察周遭文化、風土，以設計與藝術為活動主軸。釧路工業高等專門學校美術客座講師。喜愛大自然、美術及繩文。
WEB / monpaign.com

阿部光平 KOHEI ABE

WRITER

東 京 @Fu_HEY

出生於函館市。歷經走遍五大洲環遊地球回國後，以自由作家的身分從事寫作。平常往來於東京與函館，並經營網路媒體「IN&OUT －函館與人－」。

原田啟介 KEISUKE HARADA

PHOTOGRAPHER

遠 別 @idenxtity0911

在北海道左上角的遠別町以「NOP法人遠別子」成員從事當地活動，同時也以個人身分在北海道各地從事攝影、插畫、設計等工作。小名叫「小原」。

中山佳子 YOSHIKO NAKAYAMA

WRITER

斜 里 @siretoknote

知床小型刊物「Sir-etok note」的編輯。有時變身作家，或是開設移動二手書店「流冰文庫Sir-etok」，還有神祕的企劃「Artist in Sir-etok」等，身兼數職無節操活動中。

芽映 MEIMEI

DESIGNER / ILLUSTRATOR

東 京 @iimeimeii

士別市上士別町出身。擅長文字書寫。導覽手冊的封面插畫，請各位務必看個仔細。

佐野和哉 KAZUYA SANO ………… P.103
@sanokazuya0306

清水達也 TATSUYA SHIMIZU ………… P.44
@watermannemusic

鈴木詩乃 SHINO SUZUKI ………… P.32
@shino74_811

德谷柿次郎 KAKIJIRO TOKUTANI ………… P.118
@kakijiro

池端宏介 KOSUKE IKEHATA ………… P.106
@ikepong

扇南（Casochi） MINAMI OGI ………… P.105
@mi73ilk

井上愛美（Casochi） AMI INOUE ………… P.105
@wakuwakucasochi

古賀詠風 EIFU KOGA ………… P.77
@eifu0402

渡邊誠舟 SEISYU WATANABE

PHOTOGRAPHER

南富良野 @seisyu_jp

在北海道的正中央從事戶外嚮導、拍照、影片製作等工作，同時在網路上開設假想研究室「Seisyu Labo」創作數位內容。

SPECIAL THANKS

市村典子／上野結子／大西恭子／岡山廣美／奧崎有太／岸本純愛／木村衣里／工藤安理沙／今雅昭／
佐佐木若菜／四栗佳乃子／杉原逸平／高槻森水／高橋栞／田中沙織／田中優伍／藤井崇久／
星野繪庥／本田龍之介／山本浩史／Yuuki Ono

INVESTOR

398位支持者

這本導覽手冊的日文版，是藉由群眾募資網站上獲得眾人的支持才能製作。來自398位支持者的贊助金額，遠遠超過預設的目標，總金額為3,346,941日圓。所有團隊成員衷心感謝，懇請各位一同加入振興道東的行列，接下來也請多多指教！

Editorial Note

日文版編輯後記

中西 拓郎 Takuro Nakanishi

眼前有一堆樣稿，編輯也進入尾聲。通常來到這個階段，就是和時間賽跑了。「為了讓更多人知道dot道東」而展開了這次非官方導覽手冊《到道東.doto》出版計畫。回想起來，從開始構思群眾募資計畫，至今過了快要1年。其實依照原本的規劃，在這本導覽手冊完成之後，才是dot道東的起點。然而，在此刻連送印都還沒的階段，已經受到超乎想像的多方支持，讓我們走到這個時刻。

至於出版之後的事，坦白說，我還不知道。

將我們在道東這塊土地上生活中的各種感觸，分享給更多人了解，全心全意放在這件事，直到最後。

不過，現在我更希望的是，在將來某一天，當初參與這本導覽手冊的人會說，「那本傳說中的書我也參一腳了唷！」

能夠製作一本如此美好的書，真是幸福。謝謝大家。

名塚千尋 Chihiro Nazuka

步調比其他人緩慢很多的我，總覺得慢慢增加自主事業不就好了嗎？雖然我抱著這種悠哉的心態，但看到其他人飛快地決定製作導覽手冊，又飛快地增加製作成員和資金……真的，那個節奏讓我嘆為觀止。道東吸引大作戰也一樣。照理說我應該會婉拒的邀約，因為拗不過拓郎的盛情，最後搞到完全超出自己的極限。沒錯，dot道東對我來說就是個打破極限的團體。

「我們一定要做出最棒的成果！」因為有人撂下狠話，每個人都覺得無論報導文章或設計，這下子都馬虎不得。所有人認真過了頭（稱讚的意思），讓每一頁都極盡豐富，無法收拾，充滿dot道東的風格。

所有在出版上支持我們的人，還有將夢想具體成形的製作團隊，真的很謝謝你們！大家在道東再會！

神宮司亞沙美 Asami Jinguuji

最初這些成員構思出這個企劃是在兩年前。當時我壓根沒想過，會和這麼多人一起創作一本書。一次相遇招來另一次相遇，每個行動都連結在一起……。dot道東就是這樣的團體。

我們的活動都沒什麼計畫，和相遇的人一起把握當下瞬間的能量，合力打造故事。這本書就是這兩年來的集大成。對製作團隊成員、對受訪者、對支持者，都是眾人共同打造的「回憶」之書。

幾年之後，或許有人會想起來，「原來發生過那種事啊！」然後大家又一起哈哈大笑著克服其他的難關。在那之前，一定還會有新的邂逅以及誕生新的故事。下一本回憶之書，會以什麼樣的形式推出呢？如果在讀過這本書的讀者之中，有人成為下一個故事裡的主角就太好了……。在推出這本書時，許下這個願望！

野澤一盛 Kazushige Nozawa

「道東是個鳥不生蛋的地方吧。」「你居然會想搬去那種地方？」還記得要搬到這裡之前，有人對我說過這些話。四年過去，我所感受到的道東，是不是和讀完本書的各位有相同的心情呢？

製作這本導覽手冊時，在群眾募資準備的「協助製作回饋」一項，我們收集到48位的支持。透過這些支持參與的諸位，我們開出了許多瑣碎的要求，但大家都欣然接受，大方因應，真的萬分感謝。如果想稍微了解整個製作的過程，可以上Twitter搜尋標籤「#dotdoto制作の日々」。

我透過道東吸引大作戰和dot道東的成員有了連結。然後又透過制作這本導覽手冊，產生更多新的連結。回顧過去，再想像未來，對於往後的道東只有無限期待。

是各位讓道東變得如此有趣！

須藤佳志子 Kashiko Sudo

閱讀本書的各位讀者，首先很感謝你們。讀完這本導覽手冊之後，是不是很想來道東走一趟呢？還是反倒覺得道東這地方真難去，因此卻步呢？或許北海道，甚至是日本最角落的道東地區，的確有種不易親近、土裡土氣的感覺。即使如此，我相信總有一天你還是會忍不住踏上道東這塊土地。純白到令人炫目的雪景、浮現在淡藍霧氣中的街燈、深藍色的冰冷海水……總有一天你會想起來，然後不由自主來到道東。我相信。因為這本書裡蘊含著與道東這地方有關的人們太過強大的意念。道東的意念是很可怕的。會把所有人都捲進來，不斷對你說著：「來道東吧！」現在你還感覺不到，無所謂。那股意念就蘊藏在124頁，緊緊抓著你，永遠不放開。

到道東

.doto

doto unofficial guide book

作　　者｜dot道東 編輯部
翻　　譯｜葉韋利
美術設計｜黃淑華
中文手寫字｜沈孟儒
主　　編｜王筱玲

發 行 人｜江明玉
出版、發行｜大鴻藝術股份有限公司　大藝出版
台北市大同區南京西路62號15F-6
電話：（02）2559-0510　傳真：（02）2559-0502
E-mail：hcspress@gmail.com
總 經 銷｜高寶書版集團
台北市114內湖區洲子街88號3F
電話：（02）2799-2788　傳真：（02）2799-0909

2023年3月初版　定價／新臺幣350元
2023年4月2刷　版權所有，翻印必究

ISBN 978-986-96270-4-7

＊因疫情緣故，本書提供之相關資訊恐有變動。前往之前，請先確認。

國家圖書館出版品預行編目（CIP）資料

到道東：北海道東部地區魅力指南.doto：doto unofficial guide book/doto作；葉韋利翻譯. -- 初版. -- 臺北市：大鴻藝術股份有限公司, 2023.03
124面；21×29.7×0.8公分. --
ISBN 978-986-96270-4-7（平裝）
1. CST: 旅遊　2. CST: 日本北海道

731.7909　112002654